シリーズ・これからの地域づくりと生協の役割 4

タオルの絆

"あいち"から
この想いとどけたい

野口 武 著

日本生活協同組合連合会

もくじ

2章 タオルがつないだ縁 58

3章 被災地を訪れる交流ツアー 88

6章　広域避難者の方々の想い　180

7章　問題にどう立ち向かうのか？　208

III部 今後の被災者支援を考える……237

8章 震災復興支援をひとつに 238

カバーデザイン　タクトデザイン事務所

はじめに

東北から関東の沿岸部を襲った〝黒い巨大なかたまり〟は、街のありとあらゆるものをのみ込み、なぎ倒し、破壊し尽くした。これまで脈々と築き上げてきた人々の営みが、あっという間に消えうせてしまった。

たわむれにも夢想だにできないような、世界の終わりの光景が、本当に目の前に現れたのだ。夢であってほしい、誰もがそう望んだ。しかし、翌朝目覚めて、もう一度街を見渡した時、それがまぎれもない現実だとわかる。

街の中には、ありとあらゆるものが散乱していた。子どもの玩具、まだ動いている腕時計、片方だけのハイヒール、ひしゃげた自動車、折れ曲がった標識……。街全体が、悲しみで埋め尽くされていた。

その翌日、東京電力福島第一原子力発電所の三号機で水素爆発が起こり、東北から関東の広域にわたって、目に見えぬ放射線汚染という闇が広がった。

日々のくらしや、価値観が、根底から覆された。原発の電力で、安穏とした生活を送っていた私たち自身も、この災害の加害者なのかもしれない。
安心できる場所を求めて、多くの人が広域避難者として、全国各地に離散した。見知らぬ土地でのイチからの生活は、大きな負担がのしかかる。私たちが暮らす地域のすぐそばに、自分の力だけではどうすることもできず、人知れず絶望に暮れている人がいる。

われわれは誰もが、被災者であり、避難者である。

少なくとも、明日起こるともわからない次なる災害においては、誰でもそうなる可能性がある。その確率は、不謹慎な言い方かもしれないが、ルーレットを回すようなもの。いつ、誰が、どこで当たっても、おかしくはないのだ。

被災者、避難者の抱える問題解決に、〝自分ごと〟として一緒に取り組むことは、次の災害の備えになるのはもちろん、あるべき社会の姿、人としての豊かな生き方につながっていく。

本書は、愛知県の生協、コープあいちがかかわってきた二つの震災復興支援が柱になっている。

ひとつは、岩手県気仙《けせん》地域で生まれた交流。もうひとつが、愛知県内の広域避難者への支援である。いずれも、全国でもほかに例のない画期的な取り組みである。

本書は、災害の事実を伝え、支援活動の記録として残すことだけを主眼とした本ではなく、そこから得た学びから、どのような明日をつくるのかを、一人ひとりが考えるための本である。

住田町
吉浜
大船渡市
横田
盛町
陸前高田市
米崎
高田松原
末崎町
碁石海岸
愛知県
一宮市
小牧市
瀬戸市
尾張旭市
津島市
大治町
名古屋市
弥富市
飛島村
大府市
知多市
刈谷市
安城市
岡崎市
豊橋市

序章 新たな世界を切り開くために

三・一一と向き合うことは個々の問題解決に通じる

三・一一は、多くの人の人生を狂わせた。

それは、被災地で被害に見舞われた人も、支援者も、そして、日本に住むすべての人にいえることだ。

東日本大震災は、広域に及ぶ甚大な被害と、東京電力福島第一原発の放射線問題、被災地域から他所へ逃れた広域避難者など、これまで経験したことのない新しい要素が多く含まれた災害。三・一一の前と後では、世界は一変してしまった。

二〇一一（平成二十三）年三月一一日午後二時四六分。私は、東京都二三区内にあった自宅マンションで仕事をしていた。突然、ただならぬ揺れを感じ、すぐに机の下に潜り込んだ。窓が小刻みに音を立て、建物がギシギシとぎこちなく揺れる。奥の部屋で棚が倒れ、何かが落ちる音が聞こえた。

「このままマンションが倒壊し、自分は押しつぶされて、ここで最期を迎えるのか。妻や子どもたちは、無事だろうか。マンションが崩れるほどの揺れなら、東京中のビルが崩れるかもしれない……」

ガタガタと揺れ続ける机の脚を持ちながら、そんなことが頭をよぎる。とても長い時間、机の下に潜っていたように感じた。

三・一一では、大きな被害に遭わなかった人でも、死を意識し、文明社会が崩れ去るのを想像した人は、少なくなかった。

やがてテレビ等を通して、震災と津波の被害が明らかになるにつれて、「東北で大変なことが起こっている」ことが少しずつわかっていった。

一方、関東では交通機関がストップ、勤め先から自宅に帰れない帰宅困難者が大きな問題となっていた。新幹線や飛行機等も運行を取りやめ、日本各地のさまざまな交通機関で足止めをくらった人も多かった。震災の影響によって仕事が止まり、流通も麻痺《まひ》し、店では商品の欠品が多くなった。

福島第一原発事故の後は、さらに大変な騒ぎとなった。日本はもう駄目だ、という終末感さえ蔓延《まんえん》していた。浄水場からセシウムが検出されると、お店から水が消えてしまう。〝ホットスポット〟と呼ばれる高濃度の放射性汚染の地域があることもわかってきて、小さな子どもを抱える家庭のお母さんたちは、特に過敏になる人が多かった。

あの時、関東周辺はパニックに陥り、困っている東北の人のために何かをしなければという意識よりも、自分たちの生活を何とかしなくては、という意識が強かったように思う。もちろん、「東北のために！」と行動を起こした人もいた。しかし、東北のために何かをしたい、という想いを抱きながらも、何もできないでいる人が大半だったように思う。いざとなったら海外へ避難しなくてはいけなくなる、そんな空気すらあった。あの時、東京は首都機能を失いかけ、関東周辺は被災地のひとつとなっていた。

多くの人は、三・一一を経《へ》て、これまで体験したことのない事態を肌で感じ、個々の人生や、組織の仕組み、社会のあり方について、どのようにあるべきなのか、いやが上にも考えることとなった。さまざまなことをゼロから考えるために、リセットボタンを押された心地がした。

しかし、時間経過による風化によって、そんな気持ちが少しずつ薄らいできている。それは、仕方のないことではあるが、震災がもたらした機運をこのまま消し去ってしまうことは、本当にもったいないことでもある。

本書には、あの日から走り続けている人がたくさん登場する。そこには、被災者や避難者だけでなく、支援者も含まれる。彼らは、震災と向き合い続けるなかで、震災の抱える問題に取り組むことは、自分たちの地域や社会、ひいては個々の抱える問題解決につながることに気づき始める。

愛知県から生まれた新たな支援の形

三・一一の直後、これまでにない新しい災害支援の形が生まれようとしていた。

一九九五（平成七）年の阪神・淡路大震災をはじめとした自然災害時における従来のボランティア活動は、基本的にはそれぞれの団体が個別に支援を行っていた。二〇〇四（平成一六）年の中越《ちゅうえつ》地震の頃には、各地のＮＰＯや社会福祉協議会などが、災害ボランティアセンターを立ち上げていた。相次ぐ災害を受けて、地域を包括するネットワークをつくる動きが、少しずつ加速化していった。

二〇一一（平成二十三）年の東日本大震災は、かつてないほど広域にわたる地域が災害に見舞われたため、現地の被害状況の全容をつかむことは誰もが難しかった。ましてや全国の支援団体などを網羅するネットワークも存在していなかった。しかも翌日には、福島第一原子力発電所の爆発が起こり、未知の問題も新たに浮上する。入手が難しくなっていたガソリン問題も多くの支援団体の現地入りを踏みとどまらせた。
分野・組織を超えた団体が連携して、震災復興支援をする必要があるという考えのもと、二〇一一年三月一二日、後に全国の八〇〇を超えるＮＰＯなどが連携することとなるＪＣＮ（東日本大震災支援全国ネットワーク）が誕生することとなる。

さらにこの大同団結は、愛知県にも波及する。震災から三日目、愛知県では、さまざまなボランティア団体やＮＰＯの有志によって「あいち・なごや東日本大震災ボランティア連絡会（以下、連絡会）」が発足。日本赤十字社愛知県支部、愛知県社会福祉協議会、トヨタボランティアセンターなど、一五団体が中心となって組織された連絡会だ。
こうして、これまで愛知県と名古屋市とに分かれて各々に活動していた各連絡会への加盟団体が、三・一一によってひとつに結びつくことになった。ここに組合員数が愛知県最大の生協であるコープあいちも、オブザーバーとして参加することになる。

二〇一一年三月下旬、愛知県で新たにできた連絡会の一員であったＮＰＯ愛知ネットは被災地に入った。被害の多い東北沿岸部への支援を考慮した結果、岩手県気仙《けせん》地域を拠点に支援を展開していく。気仙地域の陸前高田《りくぜんたかた》市は、岩手県で最も大きな津波被害のあった場所でもあった。

愛知ネットから炊き出し支援のための食料の要請があった。コープあいちでは、食料の調達と輸送を請け負うこととなった。さらに、二〇一一年四月下旬からは、気仙地域に職員を派遣し、自ら炊き出し支援も実施。二週間交代の職員入れ替え制で、七月までに三〇回ほどの炊き出しを行った。

さらに、コープあいちの組合員から起こった、「東北のために何かしたい」という声を受けて、実に二三万枚にも及ぶ支援タオルを愛知県で集める。そこに被災地の方たちを元気づけるメッセージを添えて、流通網の麻痺した被災地で、被災者一人ひとりに直接タオルとメッセージを届ける活動を行っていく。

このような流れのなかで生まれた現地とのつながりから、二〇一一年一〇月、ユニークな試みが行われることとなった。

それは、愛知県から岩手県気仙地域までの往復一八〇〇キロの道のりを行く「被災地交流ツアー」だ。二〇一四（平成二十六）年四月までに、合計一五回以上の被災地交流ツアーが開催され、のべ三〇〇人以上の組合員や職員が参加してきた。

この被災地交流ツアーでは、観光バスが仮設住宅に横付けし、住居を訪問するという、前代未聞の取り組みも行われている。この側面だけを見ると、不謹慎に映るかもしれないが、いずれも被災地の方々の要望を受けて行った活動だ。

この活動は、移りゆく被災地の様子を見て、今本当に必要な支援を直接被災者の方々に聞き、一緒に復興を支えていく取り組みとなっている。

三部構成からなる本書のI部では、岩手県気仙地域を訪れる被災地交流ツアーと、そのツアーのなかで被災地の方々にお聞きした震災や津波の体験にスポットを当てて紹介する。

誰にでも起こり得る広域避難者の問題

東日本大震災では、東北や関東から、他の都道府県に避難する「広域避難者」となる人たちが多くいた。

島国で多くの断層がある日本は、地震や津波の脅威に常にさらされている。広域避難者という境遇は、誰にも起こり得るもの。突如として、これまでの生活を奪われ、故郷を失い、見知らぬ地での生活を余儀なくされる可能性が、誰にでもある。

復興庁のデータによると、二〇一四年九月一一日現在、二四万人を超える避難者が全国に離散している。ただし、この数は把握できている数字のみであり、実際にはこの数を上回るとみられる。

愛知県内には、四七八世帯一一五六人の広域避難者がいる。避難元を県別で見ると、福島県六一・二％、宮城県一七・五％、岩手県五・四％、その他（青森、茨城、栃木、東京、千葉、神奈川、埼玉）一五・九％となる（二〇一四年一二月現在）。

愛知県では、震災から少し時間がたった頃、連絡会のなかで、避難者の問題が論じられるようになってきた。やがて二〇一一年六月に、避難者の窓口となる「愛知県被災者支援センター」が設けられた。

これによって、愛知県内の避難者への支援は、県に委託されて避難者登録された全ての避難者を対象に、愛知県被災者支援センターを通して行われることになった。このような取りまとめは、全国でも例のない画期的な試みといえる。

その支援体制の一翼を担っているのが、愛知県内で食品などを届ける共同購入事業（宅配）を展開するコープあいちだ。愛知県のほぼ全域に配送インフラを備えているコープあいちは、その仕組みを利用して、各種団体から寄贈された布団やお米、家電などの物資を避難者に届ける、いわばパイプ役となっている。

また、物資を提供する際に、避難者の方から直接お話を聞くことがあるが、そのような声を報告して支援活動につなげる重要な役割も担っている。避難者の方々はさまざまな問題を抱えている。金銭、仕事、離婚、親族との不和、放射線、病気など、それぞれの避難者が抱える問題は多種多様で、複合的に絡み合っている。

このような問題の解決は、一般ボランティアだけでは難しい。そこで愛知県内の弁護士、司法書士、臨床心理士、保健師、医療機関など、さまざまな専門家と連携する新たな仕組みを誕生させることとなった。この仕組みは、現在の地域社会にあるさまざまな問題解決につながる可能性も秘めている。

避難者の方たちは、目の前が真っ暗になる、まさに絶望を体験し、今なおその闇が続いている。避難者の方々の抱える問題を見ていくと、震災にまつわる特殊な事例でありながらも、現在の社会が抱える問題と共通しているものも多い。

現在の日本の社会においては、かなり大多数の人が、一歩踏み違えれば同じような生活の危機に直面し、ややもすれば絶望的な状況に陥りかねない。避難者の問題解決に当たることは、他人事ではなく、私たちの生活に直結した取り組みといえる。

本書のⅡ部では、このような愛知県被災者支援センターによる避難者への支援について紹介する。また、愛知県内の避難者の方々がどのような状況に置かれているのかについても、生の声を取り上げる。

お互いに学び合う関係の支援

被災者への支援は、状況を見ながら行わなければ、ともすると一方的なものになりがちだ。

たとえば、やみくもに物資を送っても、すでに被災地ではその物資が足りていたり、物資を大量にもらっても各地の避難所に流通させる力がなかったりする。東日本大震災では、各地でそのようなことが見受けられ、物資を配りきれず拠点に山積みになる一方で、小さな仮設住宅には物資が行き渡らないなどの問題が生じた。

本書に紹介するコープあいちが行ってきた被災地交流や広域避難者への支援では、常に相手のニーズや抱えている問題を聞いて、それに対して応える形で支援を展開してきている。

この仕組みは、組合員の声を聞いて、その「願い」を実現するために事業を展開する生協にとっては自然な流れであった。相手の声を聞いてそれに応える、まさに協同組合的な発想をもとに支援を展開し、一定の成果に結びつき、新たな人と人のつながりを紡いでいった。それは他の団体と共に活動するなかでの、自らへの気づきでもあった。

また被災地交流ツアーでは、現地の皆さんと、交流の内容や企画を相談する、実行委員会が生まれる。このような活動を通して、被災者と支援者は、助ける側と助けられる側というほど、単純な関係ではないつながりを築いてきた。お互いが、相手を気づかい、力を引き出し合い、学び合う関係が生まれている。

Ⅲ部では、これまで被災地交流ツアーと、広域避難者への支援を通しての学びを、どのように自分たちの地域づくりに活かしていくか、さらに今後の震災復興支援のあり方や、生協の果たす役割についても考えていく。

本書は、被災者と支援者、震災以降、今なお走り続けている人たちのさまざまな経験をつづったものだ。彼らは、いまだ行き先のわからぬ旅の途上にある。

彼らの貴重な体験には、多くの学びの要素が秘められているが、それはまだこれという、わかりやすい形を成すものではない。その学びのカケラは、自分の内なる魂と共鳴し、個々の中で思わぬ形を成すものである。三・一一と向かい合うことは、自分自身の新たな世界を切り開くことにつながっていく。

I 部

気仙地域における活動

1章 津波の体験——気仙地域の被災者の声

津波によって気仙の営みが消える

気仙《けせん》地域とは、岩手県の大船渡《おおふなと》市、陸前高田《りくぜんたかた》市、住田《すみた》町の二市一町のことだ。

気仙地域までの道のりは、東京駅から仙台駅まで新幹線で約一時間半。仙台駅前から陸前高田まで、高速バスやBRT（バス・ラピッド・トランジット〔バス高速輸送システム〕）を乗り継いで三時間二〇分、乗り換えやもろもろの移動を考えると、六時間以上かかる。岩手県の県庁所在地である盛岡市からも一〇〇キロ以上離れ、車でおよそ二時間かかる。このような中央から隔《へだ》たった環境のために、気仙地域には古き良き風習がたくさん残されてきた。

気仙地域は、お盆の時期になると、各地で七夕まつりが行われる。陸前高田の中心部では、華やかな七夕山車が練り歩く。陸前高田の気仙町では、山車と山車がぶつかり合う、「けんか七夕」が有名だ。大船渡市の盛《さかり》町でも、美しい灯籠《とうろう》の山車が、この時期にお目見えする。

これらのお祭りは、観光を目的としたものではなく、死者の霊を弔うもの。祖先を敬う近隣の人々との結びつきが強く、お祭りが開催される二カ月も前から、地域住民が集まり準備を進めていく。気仙で育ち、今は別の地域で暮らしている人も、この時期になると、地元に戻ってお祭りに参加するという。若い人材の流出や高齢化などの問題はありつつも、現在の日本の社会で失われつつある地域コミュニティーのつながりが、お祭りによってつなぎ留められている地域だった。

三陸《さんりく》には、豊富な海産資源があり、マグロ、ウニ、サンマ、ヒラメ、カキ、ホヤなど、美味《おい》しい海の幸をもたらしてくれる。日本中の飲食店や食卓に運ばれ、日本人の食を支えてきた。また、サメやマンボウを食すなど、独自の食文化も育まれている。

陸前高田市で生まれ育った鶴島道子《つるしまみちこ》さんは、

「贅沢《ぜいたく》ではないけれど、本当に豊かな生活を送っていました。食べ物が美味しくて、人情があって、家族や近所のつながりがあって。ここに住む誰もが、この町を愛していました」と、故郷への思いを話してくれた。

ここでは、被災地での被害を体験した方々の言葉をもとに、震災当時の状況をつづっていく。

二〇一一（平成二十三）年三月一一日午後二時四六分、気象庁観測史上最大のマグニチュード九の東北地方太平洋沖地震が発生し、東日本を中心に大きな被害をもたらした（東日本大震災）。

気仙地域では、震度六弱の大きな揺れを観測したが、家屋の倒壊はほとんどなかった。しかし、多くの人が予想していなかった巨大津波が、町全体を襲うことになる。地震発生の三分後に津波警報が鳴り、五分後に、第一波の二メートルの波がやって来た。続いて、二五分後に六メートルの第二波がやって来る。そして、およそ四〇分後に、高さ一三メートルを超える津波が気仙地域一帯を襲った。これまで築いてきた気仙の営みが一瞬のうちに消え去り、多くの命が奪われた。

陸前高田市高田町洞《ほら》の沢《さわ》地区に住む菅野不二夫《かんのふじお》さんは、元音楽の教師だ。お祭りのときには笛や太鼓の指導にあたる。現在は、自分自身の介護の体験から「認知症にやさしい地域支援の会」を立ち上げ、会長を務めている。

菅野さんは、地震の後にやって来る津波の写真を撮ろうと、軽い気持ちで外へ出た。高台にある家から坂道を少し下り、カメラを構えファインダーをのぞく。すると「海の方から、土ぼこりのようなものが立ち、だんだんと空が見えなくなっていった」と菅野さんは言う。

カメラから目を上げると、陸前高田市立体育館に、まさに巨大な津波が直撃しようとしていた。迫り来る津波が体育館をのみ込む様子を、菅野さんは無我夢中でシャッターを押し、写真に収めた。

市立体育館は、災害が起こったときの避難所に指定されており、そのとき約八〇人の市民が避難していた。後日、生き残った人の証言によると、波にもまれながら、何名かは体育館の天井の梁《はり》にしがみついたという。しかし、一人、二人と力尽きて流され、最終的に助かったのは三人のみ。

体育館に迫る津波の写真を撮っていた菅野さんは、身の危険を感じ、急いで坂を駆け上った。三〇メートルほど行ったところで後ろを振り返ると、目の前のアスファルトに、巨大な波が覆いかぶさるように落ちた。ほんの数秒でも逃げるのが遅ければ、菅野さん自身も津波にのみ込まれていた。

「ちょうど東日本大震災の二日前、マグニチュード七・三の地震（前震）があり、気仙地域を大きな揺れが襲いました。しかし、その時の津波の高さは、わずか六〇センチほど。そのうえ、陸前高田には七万本の高田松原《たかたまつばら》が並び、高さ五メートルの防潮堤が築かれています。それが、多くの人の油断や過信につながったのかもしれない」と、菅野さんは話す。

津波の被害に遭う前の陸前高田市役所。

津波が目前まで迫る中、菅野さんが撮影した写真。

震災当時、陸前高田市役所で介護予防員として働いていた鶴島道子さんは、市役所の二階で、大きな揺れを感じる。市役所の職員全員がすぐ外に避難し、鶴島さんもそこにいた。しかし、これといった指示は何も出されなかった。

家にいる両親のことが心配だったが、公務員という立場でその場から一人立ち去るわけにはいかず、鶴島さんは周りの人々と共に立ち尽くしていた。

そんな時、携帯が鳴った。愛知県知多《ちた》市に住む双子の妹からだった。後で着信の時間を確認したところ、三時一三分。地震から三〇分近くたっていた。

「お父さんとお母さんはどうしているの？　すぐに見にいって!!」

耳をつんざくような妹の声に背中を押されて、鶴島さんは上司の課長に許可を取り、「安否の確認をしてすぐ戻る」と約束して実家に向かう。

家の中は、棚が倒れたり、物が散乱したりしていたが、建物も無事で、両親にけがはなく元気そうだった。鶴島さんは、それを見て安心し、市役所に再び戻ろうと外に出る。すると、海の方から黒い煙のようなものが向かってくるのが見えた。以前、「ＮＨＫスペシャル」で、スマトラの津波を観ていたこともあり、「津波だ！」とすぐに直感した。鶴島さんは、家の中に戻り、両親に声をかけ、コート類を六着ほど持ち、車に戻った。しかし、父親がなかなかやって来ない。「じいちゃん！　早く車に乗って」と鶴島さんが声をかけると、「何をそんなに声出して、来るわけなかろう」と、渋々重い腰を上げてやって来た。父親のこの言葉が、陸前高田の多くの人が抱いていた油断や過信を代弁していた。

鶴島さんが車を運転していると、辺りには「津波だ、逃げろ！」という大声を張り上げている人や、消防車のサイレンが鳴り響いていた。しかし、ほとんどの人は、その声には耳を貸さず、逃げようとすらしていなかった。

少し小高いところにある洞の沢地区へ向かって、車で坂道を駆け上がっていく。ルームミラーには、黒い津波の壁が向かってくるのが映りこんでいた。坂道の行き止まりまで行き、車を降り、鶴島さんは両親と共に、徒歩でさらに山の上に逃げた。そこから鶴島さんは、自分が生まれ育った陸前高田が、津波によって破壊されていく様子を目の当たりにした。

鶴島さんが逃げた高台にある洞の沢地区でさえ、一四〇戸あった家の多くが流され、残ったのは頂上付近にある一五戸のみ。すぐ目と鼻の先まで、津波が押し寄せていた。なんとか命からがら逃げ延びたが、いつまた津波や地震が起こるかわからない。鶴島さんの二人の子どもたちは他県にいるため、無事だと信じていた。しかし、陸前高田市で働いていた夫とは全く連絡が取れず、多くの親戚の行方も分からないままだった。

市役所前には、市職員だけでなく市民も集まっていた。

鶴島さんが市役所を後にしてからほどなくして「それぞれの職場に戻って、地震による被害状況の調査を進めよ」との指示が出された。四階建ての市役所と、その向かいにある三階建ての市民会館へと、職員たちはそれぞれの持ち場に戻っていった。

地震から約四〇分後、一三メートルを超える、決定的な被害をもたらす津波が、陸前高田の街に押し寄せた。

市役所の一階が浸水し、水かさはみるみる上がっていく。津波は、一般的に想像する波のように次々に押し寄せるのではない。水位が下から上へどんどん上がっていく、巨大な塊のようなものだという。

市役所では、市職員や市民たちが、急いで屋上を目指し駆け上った。屋上へとつながる三階の踊り場までたどり着いた人は助かったが、それ以外の人は、水にのみ込まれ命を落とした。

市役所の向かいにあった市民会館には、約七〇人が避難していた。ここで助かったのはわずかに一〇人ほど。九死に一生を得た人の証言では「館内は丸ごと浸水し、三階の天井

津波の被害に遭った陸前高田市役所の内部。

との隙間でかろうじて呼吸をし、生き延びた」という。

同じ悲劇を繰り返さないために

大船渡市の『東海新報《とうかいしんぽう》』は、発行部数約一万四〇〇〇の地方新聞。その発行元である東海新報社は、震災から一年後に、『鎮魂3・11 平成三陸大津波』という、気仙地域の被災と復興の軌跡をまとめた記録集を発刊している。この本は、同社による記録だけでなく、各方面に資料提供を呼びかけてまとめた、気仙地域全体の共同作品とも呼べる一冊だ。

この記録集の中には、震災直後の避難における混乱状況が、市民の目を通して記載されている。たとえば、こんなエピソードが記される。

避難所に指定され、多くの人が亡くなった陸前高田市立体育館の内部。

震災後、陸前高田を訪れた人たちは、市役所前で亡くなった方の冥福を祈った。今は、市役所も、市民会館も取り壊され残っていない。

地震が発生した後、海から内陸へと続く国道は、少しでも高いところへ逃げようとする車と、家や学校へ戻ろうとする車で、両車線とも渋滞していたという。歩いて逃げようとする人々で沿道はあふれ、車道の中央にも人が歩いているような状態だった。

その現場にいた目撃者の方は、次のように話している。

「そこ（車道の中央）へ猛スピードで車がやって来て、人をはねながら山の方へ逃げていったんです。それも一台や二台じゃなかった。あれは悪夢でした」

その他、津波警報が発令される中で、車で避難する際に、信号を見落としたり、無視したりして、事故を招いた例も報告されている。震災で亡くなった人の中には、避難中に起こった二次被害によって亡くなった人もいたということだ。また、災害時に、避難所へと通じる道路が渋滞となったために、車で避難しようとする人の相当数が犠牲となった。

震災後の報道では、被災者の助け合いの様子が報道された。それもひとつの真実である。しかし、災害の中ではそれだけでは済まされない、言葉にするのもつらい凄惨《せいさん》なこともたくさん起こっていたのだ。

津波から逃げる人々を誘導するために、多くの消防団員も亡くなっている。とりわけ、街を担う正義感の強い人ほど命を失っていった。『鎮魂３・11　平成三陸大津波』の中には、次のような体験談も掲載されている。

その時、ある消防団員は、津波が迫る中で路上に立ち、避難しようとする車を必死に高台へ誘導していた。ついに津波が高さを増し、間近に迫ってきているのが見えた。

「車をおいて、早く逃げろ！」と叫んだが、いくら呼びかけても、車中にいる人々は全く言うことを聞いてくれなかった。いよいよ津波が目前に迫り、消防団員は、数人の仲間と走って、そこから避難した。道行く多くの避難者を誘導しながら進んだが、なかにはお年寄りもおり、なかなか思うように進まない。後ろからは津波が迫り来る。目の前には見捨てられない避難者。恐怖感と正義感とが入り交じる。

途中、民家に人影が見えた。消防団員は仲間と別れて一人、その家に向かった。玄関を開けると、中には三人がいた。

そのとき、津波が足元から押し寄せ、あっという間に腰の高さになった。

「これはまずい！」

後から救助に来ようと、いったんドアを閉めた。

辺りを取り囲む水は、どす黒く、中の様子は見えなかった。水の中を歩いていると、何かにつまずいて前のめりになった。その瞬間、後頭部にドンッと何かが当たり、意識を失ってしまった。

気がついた時は、瓦礫《がれき》の中で頭まで水に浸り、息もできない状態。何かが体に引っかかって身動きが取れなかった。

「俺は死ぬんだな。親には申し訳ない……」と覚悟を決めると、今までのいろいろな思い出がよみがえってきて、やがて、先ほどの家の三人の姿が思い浮かんだ。

「死んだら、あの人たちを誰も助けに行けない。もう一回だけ体を動かし、ダメなら死のう」

最後の悪あがきと思って、消防団員は懸命に体を動かした。すると、何かの拍子に引っかかっていたものが外れ、体が自由になったという。

水からバッと顔を上げ、泳いで、近くの建物にしがみついた。津波の高さは、先ほどの三人の家の屋根のすぐ下まで来ていた。やがて波がサーッと引いて、体が持っていかれそうになる。必死に建物にしがみついてこらえた。

波が引いた後、消防団員は三人の家の玄関に向かった。家の中はめちゃくちゃだったが、みんな無事だった。しかし、おばあさんは、歩くことができない。運良く男の人たちが何人か近くにやって来たので、一緒におばあさんを救出した。

その後、近くの屋根の上にしがみついていた女性の救助も行った。消防団員の体はびしょ濡れだったが、興奮していたせいか、寒さは全く感じなかったという。さらに現場に戻って、懸命の救助活動を続けた。

ほんのわずかな差で、生と死が分けられてしまった。なかには、年老いた両親や知り合いなどを救うために、一緒に逃げようとして亡くなった人も多くいた。このような悲劇を二度と起こさないためにも、災害時に円滑に移動できるような、避難所に通じる避難道路の整備や対策を打つことが求められる。

今回の津波では、山下文男《やましたふみお》氏が提唱した「津波てんでんこ」という言葉を、よく人々は口にした。「家族の絆があだとなって一家が壊滅してしまうため、津波のときは母も子も、てんでんばらばらに逃げなさい」という教訓だ。近隣との結びつきが強く、家族や隣人への思いやりが深い東北だからこそ、そんな教訓が必要だったのかもしれない。

年老いて動けない家族を抱えている人は、どのようにして避難所に移動するか。避難所までの経路はどのような順路を取るか。一人ひとりが来るべく次の震災に向けて、防災・減災を考えておくことが、紙一重の命を救うことにつながっていく。

一〇〇〇人の命を託された高寿園

高寿園《こうじゅえん》は、一九八九（平成元）年に、陸前高田市民の強い要望によって、市民による寄付で生まれた特別養護老人ホームだ。個人資産や企業の営利目的で建てられたものではなく、市民による、市民のための施設である。

栄養士であった菅原由紀枝《すがわらゆきえ》さんは、実際に調理場を使う立場から、建設委員の一人に加わり、高寿園を建設する段階からかかわってきた。調理場にはオール電化システムが導入されることになったが、菅原さんは、災害に備えてレンジコンロだけはガスにしておきたいと主張した。「そんなに心配しなくても」という声もあったが、菅原さんは断固として譲らず、レンジコンロのためにガスを引き、さらにLPガスにもつなげられるようにした。

一九六〇（昭和三十五）年、チリ地震が起こった際に、地球の裏側から六メートルの津波がやって来て三陸を襲い、多くの死者、行方不明者が出ている。

「いつか必ず、陸前高田にも大きな津波がやって来る。いざ津波が来れば、丘の上にある高寿園が重要な避難場所となる。そして、管理栄養士として厨房《ちゅうぼう》を仕切っている自分が、大きな責任を担わなければならなくなる」

菅原さんはそう考えていた。

万が一に備えて、陸前高田の人々のために、高寿園は避難者を受け入れられる体制を整えていかなくてはならない。それは、菅原さんにとっては使命感に近いものに感じられた。

菅原さんは、震災時の避難所にまつわる書籍や、阪神・淡路大震災や中越沖地震の栄養士の手記などには、できる限り目を通した。そして、普段から備蓄の食料の入れ替えなど、避難所になることを想定し、迅速に食料の管理ができるようにスタッフの訓練も行っていた。

いつか津波はやって来る、そんな菅原さんの予測は現実のものとなった。震災当時、高寿園にいた菅原さんは、想定はしていたものの、決して起こってほしくなかった現実を目の当たりにすることになる。高台にある高寿園に、津波からかろうじて逃げ延びた人々が、次々と訪れてきたのだ。

震災当日の夜、高寿園にいた人の数は、避難者七五八人、職員一三〇人、デイサービス利用者五〇人、入居者一一〇人の合計一〇四八人だった。利用者の安全確保と清潔な環境を維持するために、居室を半分空けて、高齢の避難者や、けが人などのスペースを確保。食堂やホール、園長室、廊下など、あらゆるスペースに避難者があふれることとなった。

後に、「東北の人々は秩序を守り、譲り合いながら、この苦難を乗り切った」という美しい報道がマスコミによって流された。しかし、実際の現場ではそんな心の余裕はなく、避難者は自分の居場所を必死に確保しようと、後から来た避難者に場所を譲ることは、ほとんどなかったという。

一〇〇〇人を超える人が集まり、一番の問題となるのは、どうやって食事をまかなっていくかということだ。その采配《さいはい》は、菅原さんの手に委ねられていた。

高寿園では、非常食として一五〇人分三食三日分を備蓄。また、加熱調理した食品を短時間に急速冷却して冷蔵保存し、提供時に再加熱するクックチルシステムを採用していたため、利用者の食事四日分を調えて保存していた。

菅原さんが定めた方針は、「全員が安全に食べられる、命をつなぐ食事」だった。つまり、ただ食事がまかなえればよい、という発想ではない。入居者、避難者共に、糖尿食、栄養補食、経管栄養、アレルギー食（肉・卵・小麦粉）、ソフト食など、すべての人に対応できる、安全な食事を提供することを決めた。

震災直後から停電となっていたため、災害対策時用のＬＰガスに切り替えた。このおかげで、ガスの残量を計算しながらではあるが、一部温かい食事を提供することができた。また、水もストップしていたため、貯水タンクの水を計算しながら少しずつ使っていく必要もあった。

調理場には、管理栄養士一人、調理員四人、洗浄を受け持つパート職員一人がいた。調理員二人とパート職員一人は、連絡が取れず行方不明のまま。菅原さん自身も両親と連絡がつかず、後に、津波による被害で亡くなられたことを知る。すべてのスタッフが家族の安否がわからず、言い知れぬ不安を抱えていた。

それでも、目の前にいる人々の命をどう救うかを考え、菅原さんとスタッフは冷静に対応し続けた。人手は圧倒的に足りないながらも、日頃の訓練の成果もあり、スタッフは混乱することなく、一つひとつ対応していった。

震災当日の一一日一七時に、避難者には、おにぎり、漬物、お茶、飴《あめ》などの菓子類、ペットボトルのジュースなどが配られ、入居者には通常の食事が提供された。その日は翌日に備えて、菅原さんとスタッフは、泊まり込みで明日に向けての準備に追われた。

食料を調達することが最優先

市役所から自宅へ安否確認に戻った鶴島道子さんは、そのまま両親と共に洞の沢の高台に避難した。周りには約三〇人の人たちがいたが、もともと鶴島さんは、洞の沢と隣接する荒町《あらまち》の出身のため、みな顔なじみの人ばかりだった。津波に襲われたのが昼間の時間帯だったこともあり、若い人たちは出払っており、お年寄りばかりだった。

そこには、津波の写真を撮ろうと外に出て、かろうじて被害をまぬがれた菅野不二夫さんの姿もあった。菅野さんのお宅は一階が津波によって浸水してしまっていた。

日が暮れてゆくなか、いつまた津波がやって来るかもわからない状況で、三〇人の人々は、神社のある丘の上の一軒家で夜を明かすことにした。この家はかつておばあちゃんがひとり暮らしていたが、震災の三年前に亡くなっていた。ちょうどそのおばあちゃんの親戚が避難者の中におり、家を開けることができたのだ。

自宅に戻れる状況の人は、手に入る食料や毛布などを取ってきて、みんなで分け合った。しかし、その数は限られており、ここにいる人々が、これから生き延びていける食料を手にしなくてはならなかった。

その夜、鶴島さんはまんじりともできなかった。夜になると雪が降り始めてきた。これは現実ではなく、夢なのではないかと思った。映画の中にいるような、現実味のない不思議な感覚。翌朝五時、外に出て陸前高田の町を見下ろすと、津波で流された無残な町の光景が広がり、現実なのだと落胆した。

翌朝、鶴島さんは避難していた男性二人と共に、高寿園に向かった。丘の上にある高寿園は、津波の被害をまぬがれているはず、そこに行けば食料があるはずだと思った。その時、高寿園に一〇〇〇人を超える人々が避難していることを知るよしもなかった。

鶴島さんは、二〇〇八（平成二十）年まで高寿園で働いていた。高寿園には、顔見知りの職員が何人もいる。管理栄養士として調理場を切り盛りしている菅原由紀枝さんも荒町の出身だった。菅原さんのお母さんは民生委員で、「私のあとは道子ちゃんが継いでね」と声をかけてくれるなど、何かと目をかけてくれていた。

高寿園までは、約一・六キロ。鶴島さんは坂道を一歩一歩上っていった。七夕祭りでは、荒町祭組《まつりぐみ》が毎年、高寿園に七夕山車《だし》を引っ張って運ぶ。お祭りに参加できないお年寄りに、お祭り気分を味わってもらうためだ。山車の引き手にとっては、この坂道がなかなかの難所となる。

高寿園の調理場には、スタッフに指示を出しながら、懸命に働く菅原さんの姿があった。菅原さんは、お米が不足するなか、おじやを作ったものの、それでも量が足りないため、さらに水で薄めて量を増やしているところだった。

鶴島さんと菅原さんは、顔を見合わせると、お互いに無事を喜び合った。荒町の人々の状況を伝えた後で、「三〇人分の食料を分けてもらえないだろうか」と、鶴島さんは切り出した。

「ごめんね。食料を分けることができないの」と菅原さんは答えた。

自分が生まれ育った荒町の人々が食料に困っている状況の中で、どんなに菅原さんは食料を分け与えたかったことか。しかし、目の前にいる一〇〇〇人を超える人々の命をつながなくてはいけない。たとえ身内に等しい人のためであっても、ここにある食料を私情で渡すことはできなかった。菅原さんの気持ちが、鶴島さんにもひしひしと伝わってきた。

その後、洗い場のパートのおばさんが鶴島さんをそっと呼び止め、ペットボトルの水を渡してくれた。高寿園の様子を見て回る間、顔なじみの職員がお菓子などを手渡してくれた。思いがけない優しさに触れ、鶴島さんは感謝の気持ちを抱きながら、洞の沢の一軒家へ戻っていった。

洞の沢に避難した人々は、七輪《しちりん》と炭、二台のストーブで朝食を作っていた。避難している三〇人におむすびとゆで卵が配られた。食事を終えて一息つくと、これから何をすべきか、と一同は途方に暮れた。

「ここにいても情報が入らない。それに、三〇人分の食事を賄うのは難しい。お年寄りは高寿園へ、元気な人は高田一中へ避難しよう」と鶴島さんが提案した。陸前高田は保守的な気風が残っていて、通常は男性がリーダーシップを取って物事を進めていく。しかし、この緊急事態において、男も女もなかった。そこにいる誰かが決断し、背中を押さなければならない状況だった。

鶴島さんの提案が受け入れられ、避難所へ移動することになった。しかし、高齢者を中心とした三〇人で移動するのは、そう容易なことではない。九〇歳の歩行困難なおばあちゃんのために、裏山から竹を切ってきて杖《つえ》を作った。寒くないように毛布でくるみ、ゆっくりとした歩みで移動していった。幸いにも途中、走行する車を呼び止め、おばあちゃんを高寿園まで運んでもらうことができた。

陸前高田市で最も大きな避難所となった高田第一中学校（高田一中）に避難した鶴島さんは、ここで暮らしながら、市役所の災害対策本部で死者や生存者の確認の作業に当たることになった。人名を壁に直接書き、生きているか、死んでいるかを、情報が入るたびに印を付けていった。それを見て悲しみ嘆く人の姿を目の当たりにする、精神的に大変つらい作業現場だった。

津波による被害を受けたのは、町の中心部だった。亡くなった方たちも、陸前高田の中枢で働き、この町を背負ってきた有能な人たちばかりだった。「陸前高田の復興は、大変な道のりになる」。鶴島さんは、作業に当たりながら思った。

鶴島さんはこの作業の中で、夫と、親戚のおよそ半分が亡くなったことを知る。そして、四月には、父親の薬が手に入らないのと、今後の行く末がわからないという理由から、陸前高田市を離れて、妹の住む愛知県知多市に移住した。

陸前高田市の死者・行方不明者数は一七五七人、住宅全・半壊四〇四一戸（二〇一四年六月三〇日現在）、市全世帯の七割が被災した。これは岩手県における最大の被害となっている。

陸前高田で最大の避難所となった「高田一中」

高寿園から六〇〇メートルほど離れた高台にある高田一中は、津波の被害を免れ、避難所として指定されていたことから、震災直後から多くの人が続々と押し寄せてきた。釘子《くぎこ》明《あきら》さんもその一人だ。釘子さんは、自らの家を津波に流された被災者でありながらも、その日からボランティアとして活動を始めた。

「私はそれまで、自分たちが逃げる避難所に対して、何も知らなかったことに気付かされました。避難所であるにもかかわらず、予算がないということで、毛布や食料を保管する備蓄倉庫自体が造られていなかったのです。水の確保や、仮設トイレなどの緊急対策も不十分。数え切れないほどの不備がありました。皆さんは、自分が避難するべき避難所のことを、どこまで知っていますか?」と、釘子さんは投げ掛ける。

陸前高田市役所は津波によって流失したため、高田一中の給食センターが市役所となり、市内に一〇〇カ所以上あった避難所の本部とされた。

一二日未明の二時頃、陸前高田市の内陸部にある横田《よこた》消防団が、瓦礫《がれき》の中を救助にやって来た。何が必要か聞かれ、「まず飲み水、食料、毛布」と伝えると、「わかった」と言い、戻っていった。午前一一時頃には、周辺の方々から一〇〇〇個のおにぎりが届けられ、水と一緒に避難者に配った。「本当に心のこもったおにぎりだと思いました」と釘子さんは振り返る。

幼児や小学生・中学生には、ローソンから提供されたトラック一台分の食料を各教室で配った。子どもと大人の食事場所を分けていたのは、パニックが起こることを恐れたため。食料の配布が安定するまで、この対応は続けられる。

一二日の午後には、秋田日赤と盛岡日赤の方が支援に訪れたことで、衛星回線が使えるようになり、外部との連絡が取れるようになった。また、消防団が用意してくれた発電機を稼働させ、学校の大型石油ストーブで暖を取ることができるようになる。それまで暖が取れるものは、だるまストーブ二台だけだった。

高田一中には、安否確認の人々が多数集まるようになってきた。同日の夕方には、青年会議所のメンバーが、避難者のリストをパソコンに打ち込んだ。避難者の数は一五〇〇人前後となっていた。そのリストは、ＮＨＫのラジオを通して「高田第一中学校の避難者名簿」として、全国に放送された。これが被災地で最初に発信された避難者名簿となった。これによって、高田一中には、日本はもちろん、世界各国から報道関係者が押し寄せることになった。

一三日の朝食はおにぎり。夕食は、大船渡市のアマタケから提供された鶏肉の手羽先を加工したものと、同じく大船渡のさいとう製菓から提供されたお菓子「かもめの玉子」を、夕食代わりに食べる。「あんな非常時にもかかわらず、『かもめの玉子』の甘さで笑顔が出るんです！　本当にびっくりした！」と釘子さん。この日、仮設トイレが六基増設された。また、東北電力が電気の復旧作業に入った。

一四日の未明、電気が復旧、震災四日目にして灯《ひ》がつき、避難者に笑顔が浮かぶ。まさに、多くの避難者を元気づける希望の灯となった。この日、ＮＨＫと日本テレビ系列の朝の番組で、全国に向け陸前高田への支援が呼び掛けられた。これによって、高田一中には、多くの支援物資が届くようになった。

高田一中は八月中旬まで、約五カ月間、避難所となる。ほとんどの避難所では一カ月近く電気がこないなか、高田一中は避難生活四日目で電気が復旧し、仮設トイレも迅速に造られた。また、マスコミからも注目されたため、多くの支援物資が集まった。一方で、小さな孤立した避難所では電気が復旧せず、支援物資が届かず、大変な苦労をしたことは想像に難くない。

現在、釘子さんは陸前高田市の元の自宅跡に事務所を開設し、〝語り部〟活動を行っている。

「自分の命と、大切な方の命を守るため、まずは自分たちの避難所をしっかりと確認してください。災害は必ずきます。でも、『減災』はできるんです」と、釘子さんは全国の人々に訴え続けている。

周辺の避難所へも食料を届けた高寿園

高寿園の避難者は、震災翌日の三月一二日に避難者数八八〇人となり、この施設の利用者やスタッフを合わせると、合計で一一七〇人となった。高寿園は、陸前高田市の中では、高田一中に次ぐ二番目に大きな避難所となっていた。

管理栄養士の菅原さんは、すべての人の命をつなぐために、一日二食体制で食事を提供することに決めた。また、お米が不足してきたため、メニューにも工夫が必要になった。朝は青菜《あおな》粥《がゆ》、梅干し、イチゴ、リンゴ、フライなどを提供。夜は、すいとん汁、煮物、リンゴ煮、卵焼きなどを提供した。同時に、当時一二〇〇人の避難者を抱える高田一中からの応援依頼に応え、一五〇食を用意した。

「マンパワーが完全に不足するなか、職員の気力で持ちこたえる日々だった」と菅原さんは振り返る。

一〇〇〇人を超える避難者や利用者に食事を提供するには、調理場の人数が圧倒的に不足しており、避難者からのボランティアを受け入れて、人手を確保することが求められた。そして、「りんごむき隊」として、高校生や避難者の調理ボランティアの手を借りることになった。

数日後、被災したヘルパー三〇人が避難してきた。「自分たちにも何かやらせてほしい」という気持ちを受け、菅原さんの指揮下に入ってもらい、井戸から水をくんだり、避難者へ配膳をしたり、さまざまな手伝いをしてもらった。

高寿園は二〇〇九（平成二十一）年から、岩手県地産地消《ちさんちしょう》給食実施事業所として、「食の伝承」を大切にし、地元の食材にこだわった食事を提供し続けてきた。食材だけでも四〇社以上の地元業者と取引があった。

このような普段からの地域との密接なつながりがあったことから、三月一一日の震災直後から、地元業者や農家から「なんでもいいから高寿園に届けよう！」「高寿園が大変なことになっている」と、米、野菜、果物など、食料の差し入れが相次いだ。一二日には、豆腐二四丁入りが三〇〇〇箱、シイタケ三〇箱、海藻類三〇箱、冷凍コロッケ一〇〇〇個、さらに水産品が二トン車で運ばれ、冷凍した肉が四トン車で運ばれるなど、まとまった食材が集まってきた。

また、栄養サポートチームを組織し、毎日届く物資が「どこから届いたものか」や「人数比による按分《あんぶん》」を記録した。さらに避難者、避難職員、入居者に分配できるものはグループ分けして、一日二回配布。その他は、所定場所に移動して、整理しながら保管していった。同時に、近隣のさまざまな方に避難者のための調理器具の提供を呼び掛けるなど、不足しているものを調達していった。

震災から三日目の一三日を乗り切り、四日目の一四日には電気が復旧、四トン車の給水車がやって来て、自衛隊からの食料が届いた。そして、一五日には、ようやく一日三食の提供が可能になった。

高寿園では、園にいる方への食事だけでなく、近隣の施設にも食事や物資の提供を続けた。また、在宅の方やほかの避難所の方でも、特殊な経管栄養材や経口補水液などが必要な方へは提供し続けた。まさに、陸前高田の核となる避難所であるとともに、地域の人々の命をつなぐ重要な食料供給施設となった。

極限状態の中で、避難者の食と心を支えて何とか乗り切ってきた高寿園の経験には、今後の防災対策には欠かせないアイデアやヒントがたくさんある。

食事を作る際には、野菜や芋などは小川で洗い、水を節約する。献立は、生ゴミを出さないエコ献立を考案。食事の容器にはラップを敷き、食事後はラップを捨てるだけで、洗わなくても済む工夫をした。また、避難者を三〇人で班編成し、リーダーが厨房の前に食事を取りにきて、配膳ワゴンで運ぶようにルールを決め、作業分担と混雑を軽減した。調理加工が難しいものは、食材を並べてバイキング形式で提供することで手間を省いた。

上下水道が復旧する六月まで、トイレは近隣に穴を開けて、いっぱいになったら埋めることで対応した。ゴミ処理は、二メートル×二メートルの穴を掘ってもらい対処した。周りに空いた土地や自然がない都市部であれば、このような対応はできないため、事前に対応策を考える必要があるだろう。

高寿園では、避難者を迎え入れるに当たって、「命をつなぐこと」「公平であること」『笑顔』で見送れること」の三つを目標に掲げ、見事に成し遂げた。それが実現できたのも、災害時に対応できる調理場とスタッフの備えがあったからこそ。防災対策には、実際に災害が起こったときどうなるのかを考える、菅原さんのような〝想像力〟が何よりも求められる。

高寿園の避難者は少しずつ減少し、一カ月後には約二〇〇人となったが、八月中旬までは避難所であり続けた。避難者の方々が仮設住宅へ移動する際も、職員との別れを惜しむ姿がよく見受けられたという。ここからも高寿園の職員と避難者が心を一つにする見事な連携で、大変な状況を乗り切ってきたことがうかがえる。

陸の孤島となった大船渡市赤崎町

陸前高田の隣にある大船渡市では津波の影響で、大船渡町、末崎《まっさき》町、赤崎《あかさき》町、三陸《さんりく》町の四つの町が甚大《じんだい》な被害を被った。大船渡市の死者・行方不明者数は四一九人、住宅全・半壊三六二九戸に及んでいる。

赤崎町の中心部は壊滅状態で、高台にある赤崎漁村センター（赤崎地区公民館）には、震災直後三四二人の住民が避難していた。八〇畳の座敷にぎゅうぎゅう詰めの状態。周囲は水に囲まれ、完全な陸の孤島となっていた。公民館にあったのはわずか一日分の食料だけ。水が引いた後も、交通網は破壊され尽くしているため、支援物資が届くことも期待できなかった。

絶体絶命のなか、当時の赤崎地区の公民館長だった吉田《よしだ》忠雄《ただお》さんは、広場に大きな円と十字を描き、ヘリポートの印を描いた。最後の望みを託して、空からの助けを待ったのだ。ただし、この周辺には電線が張り巡らされているため、ヘリコプターでの着陸は難しい環境だったという。

「救援が駆けつけるまでは、自分たちで何とか生き延びなければならない。電気やガスもなく、ろうそくで灯《あか》りを取り、沢水《さわみず》を飲んで暮らすという、まさに原始生活をして耐え忍ばなければならない状況でした」と、山口地区ボランティアグループの金野《きんの》千代子《ちよこ》さんは、当時の状況を振り返る。

震災から四日目、最初に救助に来たのはアメリカ海軍のヘリコプターだった。ヘリコプターが着陸した時、赤崎町の住民の方たちは、最初は何が起こったのかわからずとまどった様子だった。しかし、支援物資が到着したとわかると、人々は自然と一列に並び、支援物資を手渡しで公民館の中へと協力しながら運んでいった。ヘリコプターは二日間にわたって、計八回ピストン輸送を続け、食品や水、毛布など、貴重な支援物資を運んだ。自分たちの命をつないでくれたヘリコプターが去っていくのを、涙を流しながら見送る人の姿もあった。

震災五日目には、県道を通行できるようになる。水が引いた後、そこには変わり果てた赤崎町の姿が広がっていた。辺りには津波によって流されてきた瓦礫が散乱し、津波で亡くなった人の遺体もそこら中に転がっており、何から手をつけていいのかわからない状態だったという。

「阿鼻叫喚《あびきょうかん》、この世の地獄でした。これまで営々と築いてきたものが、一瞬にして壊されてしまった。絶望の中で何も考えられない状況でした。自然の猛威の前ではなすすべもない。人間の力が及ばぬものがある。そのことを身をもって実感しました」と、金野千代子さんは語る。

赤崎町の方々が避難した赤崎漁村センター。

赤崎漁村センターの敷地内には、津波の記念碑がある。一九三三（昭和八）年の三陸地震の時に建てられたもので、「地震があったら　津波の用心　津波が来たら　高い所へ」と記されている。津波の脅威を後世に伝えていかなければならない、そう考えた先人たちの思いがここに込められている。

今回の津波の後、もう一つ新しい記念碑が建てられた。東日本大震災の津波による教訓を伝えるための碑だ。私たちは再び津波の脅威、そして、その対策についての教訓を現代の社会の中で共有し、後世にしっかりと伝えていかなければならない。

2章 タオルがつないだ縁

新しい災害支援の形を求めて

阪神・淡路大震災をはじめとして、自然災害におけるボランティア活動は、それぞれの団体ごとに行われることが多かった。しかし、東日本大震災は、これまで経験したことがないような広域にわたる災害。それゆえ、現地の被害状況の全容を各団体がつかみかねた。そのうえ、初めて体験する原発事故や、車の燃料問題も重なり、各団体の緊急支援を阻んだ。

「この未知なる東日本大震災の支援を展開していくには、分野・組織を超えた団体が連携して、震災復興支援をする必要がある」

ＮＰＯ法人レスキューストックヤードの代表理事・栗田《くりた》暢之《のぶゆき》さんはそう考えた。レスキューストックヤードは、愛知県を拠点に活動する災害救援ＮＰＯ。阪神・淡路大震災をきっかけに誕生し、これまで東海豪雨、新潟県中越地震など、数々の災害の被災地で支援を行ってきた。

震災の翌日、東海道新幹線の運行を確認し、栗田さんは新幹線に飛び乗り、名古屋から東京へ向かった。目指した先は日本ＮＰＯセンターで、旧知の仲であった同センターの常務理事・事務局長の田尻佳史《たじりよしふみ》さんに面会した。ここで、全国のボランティア団体が結束する必要性を確認し合うことになる。

こうして、二〇一一（平成二十三）年三月一二日、後に全国八〇〇を超えるＮＰＯなどが連携するＪＣＮ（東日本大震災支援全国ネットワーク）が誕生することとなる。呼び掛け人である栗田さんはＪＣＮの代表世話人に就任している。

ＪＣＮの連携によって、これまでにない支援の形が可能となった。

東日本大震災が起こった一カ月後の四月一一日、福島県浜通り地震が起こった。マグニチュード七、最大震度六弱の大きな地震。これによって、福島県いわき市では、ようやく水道が復旧したばかりであったが、また断水してしまったのだ。

「いわき市に水の支援が必要」という情報が、ＪＣＮのメーリングリストで発信された。そして、新潟青年会議所から水を積んだ一〇トンの車が迅速に支援に駆けつける。これはＪＣＮの成果のごく一部だが、被災地の情報を共有し、知らない支援者同士が連携し、対応できるところが対応する、新しい支援の形が生まれることとなった。

ＪＣＮによる全国的な連携と共に、「地元、愛知県でも、同じような連携ができないだろうか」と栗田さんは考えていた。

愛知県では、愛知県と名古屋市で、別々の官民連携によるネットワーク組織があったが、この非常時において個々に活動している場合ではなかった。栗田さんは、県や市、ＮＰＯなど関係各所に連絡をし、互いの情報交換と、連携して支援する「場づくり」の必要性を働きかけた。

こうして震災から四日目の二〇一一年三月一四日、ボランティアやＮＰＯの有志によって「あいち・なごや東日本大震災ボランティア連絡会（以下、連絡会）」が発足。それぞれの立場やこれまでの関係性を超えて、最終的に愛知県内の合計一五団体が結束することとなった。

連絡会発足の報道を聞いていたコープあいちは、連絡会幹事団体を訪問し、参加の可能性を打診する。その訪問先の一つが、安城《あんじょう》市に拠点を置くＮＰＯ愛知ネットだった。愛知ネットは災害発生時に被災地で初期の支援体制を構築する災害支援組織だ。

コープあいち執行役員の牛田《うした》清博《きよひろ》さんは、

「コープあいちの前身のひとつであるみかわ市民生協は、二〇〇八（平成二十）年の岡

あいち・なごや東日本大震災ボランティア連絡会

○防災のための愛知県ボランティア連絡会 世話人(5団体)
日本赤十字社愛知県支部
愛知県社会福祉協議会
NPO法人レスキューストックヤード
トヨタボランティアセンター トヨタグループ災害Vネット
NPO愛知ネット
○なごや災害ボランティア連絡会(5団体)
災害ボランティアコーディネーターなごや
名古屋みどり災害ボランティアネットワーク
天白でぃぷり
名古屋ひがし防災ボランティアネットワーク
名古屋市社会福祉協議会
○オブザーバー(5団体)
あいち防災リーダー会
名古屋大学大学院辻本研究室
谷岡郁子事務所
生活協同組合コープあいち
大学生協連東海ブロック

まず、防災のための愛知県ボランティア連絡会(5団体)と、なごや災害ボランティア連絡会(5団体)に、オブザーバー3団体が加わって「あいち・なごや東日本大震災ボランティア連絡会」が発足。その後3月31日の連絡会で生活協同組合コープあいちと大学生協連東海ブロックの2団体がオブザーバーに加わる。

崎集中豪雨による被災地支援で、愛知ネットと協力関係にありました。訪問の際に、『コープあいちに現地支援の協力要請をしたいと考えていた』と大いに歓迎されました」と、その時の状況を話す。

こうして三月三一日、連絡会にオブザーバーとして、コープあいちも正式に参加することとなった。これが、その後の岩手県気仙《けせん》地域支援のきっかけとなる。

三月末、連絡会の一員である愛知ネットは、岩手県気仙地域に入った。この場所を選んだのは、原発からの距離や、他の支援団体の拠点の位置、沿岸部の被害状況などを踏まえ、新たに支援拠点を構えるのにちょうどよいと考えたためだった。当時、燃料などの問題があり、ほかの被災地支援団体は四月まで現地入りを見合わせることとなっていた。

最初の支援の拠点になったのは、岩手県の内陸部に位置する遠野《とおの》市。ここには遠野まごころネットというボランティア集団が立ち上がっており、さまざまな情報が集まっていた。その情報をもとに、愛知ネットは炊き出しチームと臨床心理士のチームに分かれて、被害の大きい沿岸部での支援を展開しながら、現地の状況を探っていった。

四月三日、愛知ネットの理事長・天野《あまの》竹行《たけゆき》さんは、大船渡《おおふなと》市にあるＮＰＯ夢ネット大船渡の理事長・岩城《いわき》恭治《きょうじ》さんに面会を求めた。夢ネット大船渡は、地域おこしを目的に二〇〇六（平成十八）年に立ち上げられた団体で、気仙地域唯一のＮＰＯ同士の仲立ちをする中間支援組織だった。

「近所の瓦礫《がれき》の片付けや泥出しも一段落つき、地元のＮＰＯとして、何を、どのように活動すべきかを考えていた時でした。陸前高田《りくぜんたかた》市での義姉の遺体探しを妻に任せて、天野さんにお会いすることにしました」と、岩城さんは当時を思い返す。

その面会の中で愛知ネットの天野さんは、「地元の市民活動団体と一緒に、長期の被災者支援活動を行いたい」と伝え、その思いに応える形で岩城さんは、日頃協力し合っている大船渡市の団体の代表に声を掛けた。

四月四日・五日の二日間、大船渡市Ｙ・Ｓ（ユース＆シルバー）センターに、八つの地元市民団体と愛知ネットのメンバーが集まった。そして、気仙地域の復興を目指し、「気仙市民復興連絡会」を立ち上げることとなった。

気仙市民復興連絡会に最初の要請がきたのは、翌四月六日、陸前高田市ボランティアセンターからだ。陸前高田市の米崎《よねさき》中学校の校舎が地震による影響で危険なため、米崎小学校へ移動することになり、机や備品の移動作業に人手が欲しいということだった。七日には、気仙市民復興連絡会から一〇人ほどのメンバーが赴き、その作業に当たった。

四月一一日からは、「とにかく温かいものが食べたい」という被災者の声を受け、避難所での炊き出しが本格的にスタートした。地元の団体、もさばロハス倶楽部、椿《つばき》の里《さと》・大船渡ガイドの会などが中心となり、愛知ネットが愛知県で公募したボランティアメンバーと連日協力しながら運営。避難所での炊き出しの回数は、四月一三回、五月一七回。六月以降は、仮設での炊き出しやお茶会などに随時対応していった。

生協間支援とは別の形での被災地とのかかわり合い

ここで、「生活協同組合」と「コープあいち」について、少し説明しておきたい。

生活協同組合とは、「生協」や「コープ」などと呼ばれる組合組織のことで、主にスーパーと同じような店舗や、共同購入とも呼ばれる宅配で、食品を中心とする商品の販売事業を展開している。その他、医療や福祉事業を行う医療福祉生協や、大学の学生や教職員のための大学生協などがあり、みんなでお金を出し合い、相互扶助の精神で運営する共済事業も行っている。いずれも、消費者のお金（出資金）で事業をする、組合員（お客）一人ひとりが出資者であり、運営に携わるという組織だ。「こんな商品が欲しい」「こんなサービスがあると便利」という組合員の願いを取り入れながら事業を運営している。

愛知県には、コープあいち、トヨタ生協、生活クラブ生協（愛知）、あいち生協、一宮《いちのみや》生協、かりや愛知中央生協などの生協がある。コープあいちは、震災一年前の二〇一〇（平成二十二）年三月二一日、めいきん生協（名古屋勤労市民生協）と、みかわ市民生協という二つの生協が合併して誕生した。これによって四〇万人を超える組合員に支えられる、愛知県のほぼ全域をカバーする、愛知県で最も大きな生協となった。コープあいちは、全国の生協の中で、最も福祉事業に力を入れて展開している生協の一つとしても知られている。

従来、災害時における生協は、全国の生協同士の連帯活動として、被災地生協を通して支援を行ってきた。たとえば、阪神・淡路大震災のときも、前身のめいきん生協やみかわ市民生協は、被災地となった兵庫県の生協であるコープこうべに、全国の生協と共に物資や人材の支援をしている。

東日本大震災においてコープあいちは、日本生活協同組合連合会（日本生協連）による生協間の支援先の役割分担によって、当初は宮城県のみやぎ生協と、福島県のコープふくしまへ物資や人的な支援を行ってきた。

支援の内容としては、震災直後の二〇一一年三月一六日、第一次支援メンバーの職員二人を宮城県のみやぎ生協に派遣。職員自らが食料品などの支援物資を載せたトラックを運転し、みやぎ生協に支援物資を無事送り届け、三月一八日から二〇日まで、全国の生協の支援メンバーと共に活動し、二一日、愛知県の本部に帰着した。その後も支援メンバーを被災地に派遣し続け、第二次から第七次まではみやぎ生協、第八次は福島県のコープふくしまに向けて四月上旬に派遣している。

東日本大震災発災後、コープあいちは、「あいち・なごや東日本大震災ボランティア連絡会」に参加し、NPOなどの団体と連携した支援活動が展開されていくことになる。これによって従来の生協間支援とは全く別の形での、被災地や広域避難者との関わり合いが生まれていった。

二〇一一年三月下旬から、岩手県気仙地域での支援を準備していた愛知ネットから、炊き出し用食材の支援協力の打診があった。これを受け、現地への物流や車両の交通条件を確かめるため、四月三日、コープあいちの向井《むかい》忍《しのぶ》さんは、前日の東京出張の後に、深夜バスとJR東北本線で盛岡駅から一《いち》ノ関《せき》駅、水沢《みずさわ》駅を経由して気《け》仙沼《せんぬま》駅を訪れた。震災・津波被害の中で、岩手県気仙地域への物流と車両走行が可能であることを確かめ、気仙沼港から、愛知ネット理事長の天野竹行さんにその感触を携帯電話で伝えた。天野さんからは「今、支援の拠点となるトレーラーハウス設置のために、気仙地域の住田《すみた》町に向かっている」と、返事があった。

2011年5月23日、コープあいちが田子の浦山田公民館で行った炊き出しの様子。

被災地にすでに入っていた愛知ネットからの炊き出し用食材の協力要請に応えるためにコープあいちは四月二三日〜二四日に二人（向井忍さん・牛田清博さん）が炊き出しに同行し、食材や調理用具の状況を確かめた。そのうえで、四月末に三人の職員を気《け》仙《せん》地域に派遣した。

その派遣メンバーの一員であったコープあいちの及川利夫《おいかわとしお》さんは、

「出発の前、被災地に何を持っていけばよいのかわからないなか、とにかく必要そうなものを集めて、荷造りしていきました」と話す。

及川さんは、荷物の中に生の鶏肉二〇〇串と、肉を焼くための焼き鳥台を詰め込んだ。愛知県内のさまざまなイベントなどで提供される、コープあいち名物の「ジャンボ焼き鳥」を食べてもらいたいという思いからだった。季節を感じさせる桜餅も一五〇個載せている。さらにトラックには、組合員から集まった被災地の方へのメッセージが添えられた、支援タオルも積んでいた。

コープあいちによる被災地での炊き出し支援

この時の岩手県気仙地域での支援の拠点は、町内が山間部にあるために被害の少なかった住田町で、そこには電気と水道が通っていた。支援者の住居となったのは住田町の農林会館。毎日、同じ部屋で支援者たちが〝雑魚寝〟をしていたという。その建物の横に愛知ネットのトレーラーハウスも置かれ、愛知県からのボランティアの受け入れ基地兼住居として活躍した。

当時、大船渡市や陸前高田市で炊き出しを行っていた、気仙市民復興連絡会から協力要請を受けて、そこにコープあいちも加わることになった。まず、コープあいち職員が行ったのは、冷蔵庫の中の食材の廃棄だった。賞味期限切れの食材が大量に出てきたため、食品の安心・安全を担っている組織としては、見過ごすことができなかった。

避難所の炊き出しでは、大きな鶏肉を串に刺して焼いた、ジャンボ焼き鳥を提供したこともある。被災者の中には、「一カ月ぶりにタンパク質を食べた」という方もいるなど、大変喜ばれた。その他、カレー、長崎チャンポンなど、さまざまな食事を提供。特に好評だったのは、愛知県名物の「ひつまぶし」だった。三年以上たった後でも、あの味を忘れられないと話す人もいたほどだ。

また、避難所生活では、野菜が不足しがちになるということがわかった。そんな現地の要望に応じて、コープあいちの取引先のつながりから、仙台のメーカーにカット野菜を作ってもらい、それを使って炊き出しをした。

炊き出しは、三日に一回のペースで実施されていった。生活するためのインフラがすべて消失した被災地では、一回の炊き出しを行うためには、食材の調達に仙台まで行く必要があり、往復六時間かかる。その他、自分たちの食事を作ったり、洗濯をしたり、離れた場所にあるお風呂に行ったり、支援者自身の生活も維持しなくてはいけない。五月に入ってから、コープあいちでは、本部の職員が派遣され、二週間おきに職員を交代し、サポート体制を構築していった。

この避難所での炊き出し活動において、特筆すべき点は、現地のＮＰＯ団体の人々が主体となって行われたという点だ。コープあいちは、あくまでその活動をサポートしたにすぎない。それによって、避難所の炊き出しは、現地のつながりを活かした、現地の人々の助け合いの場にすることができた。どこで支援が求められているのかという情報を現地のつながりの中で察知し、顔の見える支援活動ができたことで、支援される側にも、安心感・信頼感が生まれることとなった。現地の人々を介した支援だったからこそ、そこに参加したコープあいちは、気仙地域で温かく迎え入れてもらえ、隣人・仲間として受け入れられていった。

陸前高田市最大の避難所である高田一中（陸前高田市立第一中学校）にも、食材の支援要請を行っていることを聞いて訪問した。高田一中の給食の調理責任者の方の話を聞き、避難所には、次のような問題があることがわかった。

①一〇〇〇人分の給食を作るには、メニューに応じた一定量の食材が必要だが、災害本部の食材や支援品として持ち込まれる食品は、一方通行で何がどれだけ届くかわからない。そのため、毎日一〇〇〇人の食事のメニューを作るうえで相当の困難がある。
②電気・水道などのライフラインが寸断され、主要な物流拠点の冷凍庫や冷蔵庫が流出・破壊されたために、災害本部などでは大量の要冷品をストックすることができず、震災から約一カ月経っても、避難所には生野菜やチルド品が届かない。
③災害本部も、届いた食材を各避難所の人数ごとに振り分けて配給することで精いっぱ

いで、各避難所の食材のストック状態まで把握しきれない。

このような問題点を直接、調理責任者に聞いて、当時、岩手県に支援に入っていた、やはり生協の、さいたまコープ（現・コープみらい）と共に費用をサポートする形で支援することを決めた。岩手県生協連を通じて、被災地で事業を展開するいわて生協に発注して、週一回、高田一中へ食料の配送をしてもらうことになった。

これによって、避難所で必要とされている商品の必要な分量が、いわて生協のお店から着実に届く仕組みがつくられた。生協のインフラを使うことで、大規模避難所の食事は、栄養面でも調理者の負担の面でも大きな改善につながった。

実に、二〇一一年四月二三日から七月二八日までの約三カ月間、現地のNPO団体が主体となる炊き出し活動をコープあいちは支え続け、約三〇カ所の避難所などで実施してきた。

被災地の〝今〟を伝える『復興ニュース』

気仙地域では、大規模な避難所を除いて、一カ月以上電気が復旧しなかった。テレビやラジオなどの情報が入らない状況は、被災者にとって大きな不安となる。そこで、気仙地域の人々に情報を届ける支援が行われた。

愛知県名古屋市在住のフリーカメラマン・山口奈美《やまぐちなみ》さんは、テレビを通して被災地の甚大な被害とそれに苦しむ人々の様子を見て、「何か自分にできることはないか」という思いを、日増しに強めていった。

そんなとき、インターネットを介して、愛知ネットがボランティアを募集していることを知った。すぐに山口さんは連絡を取り、被災地支援に参加することとなった。

山口さんが岩手県の気仙地域に到着したのは、震災からおよそ五〇日ほどたった、五月初めの頃。住田町の農林会館の横にある愛知ネットのトレーラーハウスでの生活が始まった。山口さんと同じように、ボランティアとして参加した人が五～六人おり、地域の炊き出しのサポートをしていた。

「正直、自分が何ができるかもわからず、勢いだけで訪れたという感じです。その頃、気仙地域の大船渡市、陸前高田市、住田町では、どこに行っても『情報が欲しい』という声が聞こえてきました」

愛知ネットと現地のNPO団体からなる「気仙市民復興連絡会」から定期的に『復興ニュース』が発行されていたが、当初の発行部数は二〇〇部程度で、ごく一部の避難所でしか配布されていなかった。その担当を、カメラマンという特技を活かし、山口さんが引き継ぐことになったのだ。

「スーパーなど、みんなが日常出入りするところに置いてくれなきゃ、せっかくの情報も届かないよ」という意見を大船渡で暮らす方に言われたのをきっかけに、山口さんは役場の窓口をはじめ、商店などにも協力してもらうなどして、発行部数を少しずつ伸ばしていった。次第に、「自分たちの仮設住宅にも配ってほしい」という声が聞こえてくるようになり、仮設住宅での配布もスタート。発行部数は飛躍的に増えていった。

このとき山口さんは、情報収集、撮影、執筆、編集、印刷、配布など、すべての作業を自分一人でこなし、しかも、週に二度発行していた。発行部数が増え、配布する場所が増えるに従って、さすがに一人の作業に限界を感じて、紙面上で配布ボランティアを募った。

「被災されているにもかかわらず、『自分のいる仮設の分なら配るよ』と、何人かの人が協力してくれたことが、本当にありがたかったです」と山口さん。

この『復興ニュース』は、避難所や仮設住宅の人にとっては、地元の〝今〟を知る、貴重な情報源。これもまた、現地の人々の手を借りて、現地の人々のつながりの中で広まっていった背景がある。山口さんが担当したのは第一七号から第四〇号までで、その後も『復興ニュース』は継続され、発行部数は五〇〇〇部を超えているという。

山口さんは、『復興ニュース』でコープあいちの取り組みを何度か取り上げてきた。そのつながりから、コープあいちの復興支援ブログを更新するなど、さまざまな取り組みにもかかわるようになる。

後に山口さんは、大船渡市の復興を後押しする重要なキャラクターを誕生させることになるが、それについては次章で語ることとする。

生協の組合員から集まった二三万枚のタオル

大船渡市在住の水野《みずの》貞一《ていいち》さんは、幸いにも自宅は津波や地震の被害から免れた。震災の当日から、被災した気仙地域の人たちのためにと、個人ボランティアとして活動。各地で開催される炊き出しに参加し、気仙地域の被災者と外からやって来た支援者を結びつけてきた。

「コープあいちさんの支援については、大変な費用を使っていただいていることに申し訳ないという気持ちを抱きつつも、ここでもやってほしい、あそこでもやってほしいと、現地の要望を聞きながら炊き出しの要請を出し続けてきました。私の見てきたかぎりでは、同じエリアでこれだけの炊き出しを継続して行った団体は、ほかにはないと思います」と、水野さんは話す。

五月一日、コープあいちの職員が支援物資と共に到着した。トラックには、炊き出しのための食材と共に段ボール箱がいくつかあった。水野さんが箱を一つ開けてみると、きっちり一〇〇枚のタオルが収められ、それぞれにメッセージカードが添えられていた。

タオルが気仙地域に届けられたのには、こんないきさつがあった。

震災以降、多くの組合員から「現地の衛生状況の悪化や、寒さ対策に必要とされている物資が送れないか？」「何か生協らしい支援はできないか？」など、被災地支援に関する多くの声が寄せられていた。そこで、被災地へ支援物資を届ける活動の一環として、メッセージを添えた新品のタオルを家庭から集めて、現地に届けることに決めたのだ。

三月二八日から四月九日までの二週間、組合員にタオルを募集したところ、大量のメッセージが添えられたタオルが集まった。その数は実に、二三万枚にも及んだ。

コープあいちの組合員が周囲の人々に呼びかけて懸命に集めたタオルは、商品を届ける配送担当者に手渡される。それを宅配のセンターに戻り、通常業務の後で、配送担当者が段ボールに梱包していく。

しかし、タオルの数は膨大であり、終業後の作業だけではとても梱包作業が追いつかない。それを聞きつけた組合員がセンターにやって来て、梱包作業を手伝ってくれた。組合員と職員は一緒に、時間も忘れて、毎日毎日作業に没頭した。「タオルを届けることで、心も届けたい」、そんな気持ちで、一三万本のタオルにメッセージを添えて、丁寧に梱包していったのだ。

被災地への支援タオルを広く呼びかける中で、

「他生協の組合員ですが、タオルを集めて持っていっていいですか?」という問い合わせもあった。

他生協の組合員は、自家用車で段ボール七箱、五二八本のタオルを運んできてくれた。その一本一本のタオルには、すべて心のこもったメッセージが付けられていた。

愛知県内にはコープあいち以外にもいくつかの生協があるが、組織としての壁を乗り越え、震災復興支援を通して複数の生協が協同の力で結びついた瞬間だった。

ある会社では、被災地のために何かできないかと思っていたところ、コープあいちの活動を知る。会社の中で場所をつくって、タオルを集める人、メッセージを書く人、タオルを梱包する人と、役割分担を決めて取り組んでいった。会社の中で話したことがない疎遠だった人とも、一緒に語らいながら用意をしていった。「応援するつもりが、逆に応援してもらった」、そんな心持ちだったという。社員一人ひとりの気持ちをタオルに乗せて、コープあいちに想いを託した。
多くの人の想いの込められたタオルを、共同購入のトラックに載せて、コープあいちの職員は、愛知県から岩手県気仙地域までの九〇〇キロの道のりを、責任を持って運んでいった。

個人ボランティアの水野貞一さんは、目の前にある段ボールいっぱいに詰め込まれたタオルに圧倒された。そして、タオルに添えられたメッセージを読んでみた。一つひとつに、被災地の方の境遇を気遣う、温かいメッセージがしたためられている。愛知県碧南《へきなん》市にある鉄工所からのタオルには、次のようなメッセージが添えられていた。

「被災者の皆さまのお役に立てればと、社内の有志に呼びかけました。タオルを持ってきてくれたり、メッセージを書いてくれたり、タオルを集めてきてくれたり、梱包してくれたり、一人ひとりの力なんてちっぽけで何もできませんが、この取り組みを通して、われわれがみんなで一つになれました。なんて温かい人たちと仕事ができているんだろう、そうあらためて気づくことができました。人は一人で生きているのではない、支え合って生きているのだ、そのことが実感できました。厳しい状況に打ちのめされながら、希望が

タオルに添えられた組合員からのメッセージ。

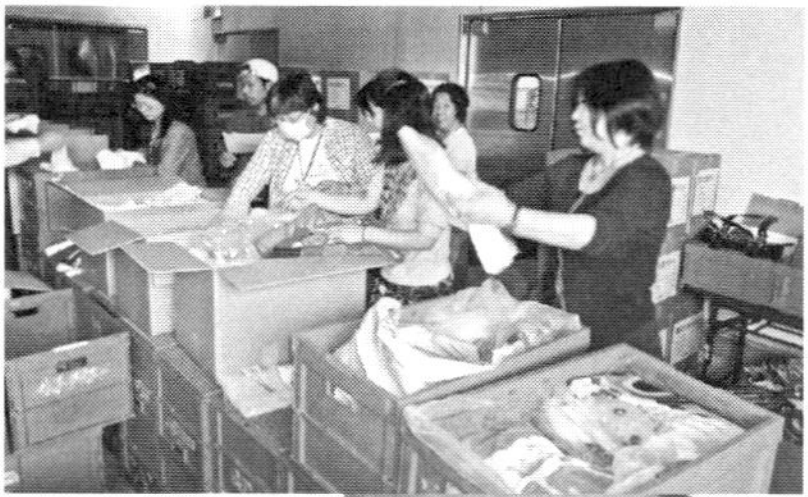

コープあいちの組合員から集まったタオル。（撮影：山口奈美）

見えない毎日をお過ごしかと思いますが、どうか希望を捨てないでください。われわれと共に、支え合って生き抜きましょう」

たくさんのタオルとメッセージを前に、そこにかかわった人たちの応援の気持ちを、水野さんはひしひしと受け止めた。

「ここに込められた想いをわれわれが被災者に届け、つなげていかなければいけない」。水野さんは、そんな使命感を抱いた。

タオルに込められた想いと共に届ける

当時の被災地では、支援物資を流通させることは非常に難しかった。行政区ごとに災害本部が設置され、避難所と直結し支援物資が流れる仕組みが出来ていた。しかし五月には、支援物資はどの被災地にも潤沢に集まり、各避難所はストックスペースに苦慮し始めていたのだ。

一方で、在宅被災者をはじめ、周囲に迷惑が掛かることを恐れて、いち早くアパートや県営住宅、親族や知人を頼って市内・市外に移住避難した人々には、支援物資は一切届いていない現状もあった。しかも、それは一年以上続いた。

二〇一一年五月二二日に、気仙地域の炊き出し要員として支援に入ったコープあいちの岩本隆憲《いわもとたかのり》さんは、被災地におけるこのような支援物資の流通の現状を知った。

当時の活動拠点だった住田町の農林会館では、コープあいちから持ち込まれた支援タオルの段ボールがうず高く積み上げられたまま、動かない毎日が続いていた。しかし、どこに届ければいいのか、誰に相談すればいいのかもわからないでいた。

五月二六日、岩本さんがトラックを運転し、助手席には、地元とのつながりを持つ水野貞一さんが乗っていた。荷台には約五〇箱の、メッセージが添えられたタオルを積んでいた。タオルの配布場所である、大船渡市盛《さかり》町の朝市に向かっていた。

朝市には、多くの人が押し寄せており、五〇〇〇枚のタオルは、三〇分ほどで、あっという間になくなった。人だかりの押し合いへし合いの中で、いくつかのメッセージがタオルからはずれ、手元に残されてしまった。

今日のように、大きなイベントでタオルを配布してしまえば、二三万本のタオルもあっという間になくなってしまう。しかし、その日の夜、残されたメッセージを読みながらそこに込められた思いに触れた岩本さんは、

「こうした方法では組合員の思いは届かない」と、強く思った。

しかし、五月下旬ともなると、タオルを受け入れてくれる避難所は完全になくなってし

まった。こうしたなか、炊き出しで共に取り組んだ現地のＮＰＯや炊き出しを通してつながった地域の人々が、コープあいちのタオルを、そこに込められた想いと共に、福祉施設、医療施設、美容師組合、保育園、イベント会場などを直接訪れて、手渡しで配ってくれるようになっていったのだ。

この年の大船渡市盛町の七夕まつりでは、七夕の山車の通る商店街の一角に、コープあいちのタオルを配布するブースが設けられた。タオルを手渡すのはコープあいちの職員だけでなく、一緒に炊き出しを行ってきた地域の人々である。なかには、「私の近くの仮設住宅には援助物資が届かない」と話し、近所の人の分も含めて両手に山盛りのタオルを受け取る方もいた。コープあいちのタオルは、現地の人々の力によって、人から人へと渡っていった。

コープあいちの岩本さんは、二週間の滞在期間を終えても愛知県に戻れず、気仙地域に残り続けた。

「気仙地域に行く前は、持病もあって、自分が任務を全うできるのか自信がなく、そんなに気乗りはしていなかったのです。しかし、来てみると、組合員からのタオルをしっかり届けるには、自分がここにいないと駄目だ、という思いに駆られるようになりました」

コープあいちはこのような現地のニーズに沿って、被災地常駐型の支援を行うこととなった。そのことで、常に被災地の方々の要望を聞きながら現状を把握し、現地の人々の要望に合った支援ができる。そして何よりも、気仙地域の人々との深い人間関係が築けるようになっていった。

支援物資の届かないところへ

コープあいちの支援タオルの配布に協力した一人に、陸前高田市高田町洞《ほら》の沢《さわ》の菅野《かんの》不《ふ》二《じ》夫《お》さんがいる。洞の沢の一部地域は、津波の被害をかろうじて免れた。先にも触れたが、菅野さん自身、あやうく津波にのみ込まれる体験をしている。

「私たち陸前高田市民は、全国各地から非常にたくさんの支援をいただきました。ただ、震災当初は、それがどこから届いたものなのかを知ろうとする余裕もありませんでした。しばらくしてから、避難所で毎日ガツガツと食べた食材は、支援タオルを配布しようとしているのと同じ、コープあいちが支援してくれていたと知った時、自分が恥ずかしくなりました」

こうして菅野さんは、コープあいちの支援タオルを進んで配布するようになる。菅野さんが回ったのは、支援が行き届かない小さな仮設住宅や、震災で全壊半壊した自宅で生活している高齢者のお宅だ。

「十数軒が集まる小規模の仮設住宅は、田んぼの真ん中など不便なところにあり、大きな車両が入れないため支援の手が入りにくいのです。個人的に仮設住宅の部屋へ入れていただき、コープあいちのタオルをお渡しした時、その方は泣いて喜ばれました」と、菅野さんは言う。

さらに、気仙地域では、市民の活動拠点である三陸鉄道の盛駅の駅舎内に常設してもらったり、いくつかの公民館に設置してもらったりすることで、避難所閉鎖以降は、仮設住宅だけでなく、それ以外の市民や地域住民にも届けられるようになった。

菅野さんの自宅も、津波によって一階が浸水してしまった。しばらくは二階で生活し、一階の改築工事を進める際、地域の人々が集まれる場になるようにと集会場にした。ここにも支援タオルを常設させてもらった。

津波から危うく逃れた人々は、避難所で生活し、やがて弱者から優先的に仮設住宅へと移動していった。これによって、もともと人と人のつながりのあった地域がバラバラになり、地域コミュニティーが維持できなくなってしまった。さらに、被災エリアとそうでない地域の間に、現地で暮らす住民同士にも、被害の程度の違いによる溝が生れるケースもあったという。

現地の方々の力を借りて、人から人へ支援タオルを届ける取り組みは、現地の人々へエールを送るだけでなく、現地の人々同士のつながりを維持・再生することにも一役買っていた。

気仙の人々の手でタオルは価値あるものに

高齢者の間で気軽にできる趣味として、雑巾に刺繍《ししゅう》を施す〝まごころ雑巾《ぞうきん》〟が被災地で広まり、その材料としてもコープあいちの支援タオルを役立ててもらった。被災者の方がタオルで作った手作り品は新たな命を吹き込まれ、愛知県に戻ってきて、手作り品として販売されたものも多くあった。

大船渡中学校グラウンドの永沢応急仮設住宅の自治会長・田中泉《たなかいずみ》さんは、住民相互の見守りに役立てるため、玄関先にタオルで作った人形の象〝まけないぞう〟を掲げる取り組みを実施。この人形の象を毎日玄関に付けることで、元気でいる合図とするのだ。その材料として、コープあいちのタオルを活用してもらった。この〝まけないぞう〟の取り組みは、阪神・淡路大震災の時に考案されたもので、東北各地の被災地でも取り組まれていた。そして、この活動を推進するＮＧＯにも、コープあいちの組合員の想いを伝えながら支援タオルを送った。

ちなみに、気仙に送られたタオルの中で特に珍しがられたタオルがあった。それは愛知

コープあいちのタオルを活用して作られた“まけないぞう”。

県内で中日新聞によって配付された、中日ドラゴンズのスポーツタオルだ。この中型サイズのタオルは気仙の人々には新鮮だったようで、大変重宝された。

現地生協のいわて生協をはじめ、気仙地域のさまざまな個人や団体が、イベントや施設訪問を通して、直接タオルを配ってくれた。現地の方が、現地のタオルを必要とする方に、心を尽くして届けてくれたのだ。そのことによって、タオルを受け取った人に、タオルに託された想いも一緒に届けることができた。

「気仙の皆さんの力を借りて、組合員の想いを届け切ること、それがコープあいちの責務のように感じました。何よりも、このタオル一枚一枚を大切に配らなければならないということをに気づかせてくれたのは、ほかならぬ気仙の皆さんだったのです」と岩本さんは話す。

支援タオルは、手から手へ届けるという大変手間のかかる方法によって配布されていった。それゆえにタオルを配り終えるまでに、実に一年以上の歳月を要した。組合員から集まった二三万枚のタオルのうち、一七万枚が気仙地域で配られている。現地の人々の力を借りなければ、到底配り切ることはできなかった。

一時期は、行き先を失った膨大なタオル。それが気仙地域の人々の手によってタオル以上の価値あるものに変わり、配布されていった。支援タオルに添えられたメッセージに気仙地域の方がお礼の手紙を送り、岩手県と愛知県で交流が生まれたケースもある。

これまで述べてきたように、炊き出し支援は、気仙地域の人々が主体的に取り組むことで現地ニーズをくみ取って、被災者が安心して支援を受け入れられる取り組みにつながった。これは、もともと気仙にあった地域のつながりの力であり、被災から立ち上がろうとする気仙地域の人々の潜在的な力が引き出されたともいえる。

コープあいちの組合員から集められた支援タオルもまた、このような気仙地域の人々のつながりや力によって配布されていった。

さらに、炊き出しと支援タオルの取り組みによって、気仙地域の方々とコープあいちの組合員の間に、思いもかけない絆が生まれ、新たな展開へと発展していくことになる。

3章　被災地を訪れる交流ツアー

愛知から岩手へ往復一八〇〇キロの交流ツアー

震災直後から気仙《けせん》地域で進めてきた、炊き出しなどの食支援やタオル配布の取り組みを通じて、コープあいちと気仙地域の人々との強いつながりが生まれていった。

震災から半年が過ぎた頃、被災地では、震災直後の危機的な状況は脱し、炊き出し支援も一区切りついたことで、ボランティアが少しずつ帰り始めていた。

前章でも紹介した、炊き出しや支援タオル配布を献身的に支えてきた個人ボランティアで、大船渡《おおふなと》市に住む水野《みずの》貞一《ていいち》さんは、被災地の人々の気持ちを次のように代弁する。

「このまま自分たちは見捨てられてしまうのではないか、そんな気持ちが芽生え始めていました。このまま震災の記憶が風化して、忘れ去られてしまう。本当の支援が必要なのは、本格的に復興に向けて動きだすこれからなのに……」

そのような状況の中で、「被災地の現状を見にきてほしい」という被災地の人々の声が上がり始めた。もちろん気仙地域の中でも、「被災地を見世物にする気か」という反対意見もあった。さまざまな考え方が交錯するなか、やがて、「コープあいちの組合員に、気仙地域を見にきてほしい」という要望がもたらされることになる。タオルのつながりが、新たなつながりを生み出そうとしていた。

気仙地域からの声を受けて、コープあいちは、組合員による被災地交流ツアーを検討することになった。

しかし、被災地へのツアーを行うに当たっては、さまざまな不安要素が出てきた。当時の被災地は、一般的にはまだまだ危険なイメージがあった。ツアーを企画して参加者を募集したところで、果たして人が集まるだろうか。何よりも、被災地の人々の気持ちもさまざまであるため、迷惑に感じたり、不愉快に思う方もいるかもしれない。しかし、「被災地の現状を見にきてほしい」という気仙地域の方々の思いに応えて、被災地交流ツアーを決行することとなった。

被災地の今を見る「被災地交流ツアー」

二〇一一（平成二十三）年一〇月二八日、「第一回被災地交流ツアー」が実施された。ここでは、その活動の一部を抜粋して紹介する。

三五人のコープあいち組合員が、名古屋駅と豊橋《とよはし》駅から東海道新幹線で出発した。東京駅で東北新幹線に乗り換えて、水沢江刺《みずさわえさし》駅に到着。地元のバス会社の観光バスで、気仙地域へ出発した。途中、大船渡市長もバスに挨拶《あいさつ》に訪れ、歓迎の意思を示してくれた。

バスは、最初の目的地である大船渡市赤崎《あかさき》町山口《やまぐち》地区の人々が暮らす仮設住宅へ向かった。そこには、前述した赤崎地区公民館に避難した方々などが身を寄せている。津波で家族や友人を失った人々が多く生活している仮設住宅だ。

ツアーに同行していた個人ボランティアの水野貞一さんは、

「仮設住宅に観光バスが入れてもらえるなんて、私たちは想像もしていないことでした。支援タオルを渡すことでできたつながりが、組合員と被災者を直接つなげ、このような企画に結び付きました。まさに、歴史的な瞬間でした」と言う。

仮設住宅の駐車場で、タオルの贈呈とメッセージ交換が行われた。さらに、仮設住宅で暮らす三人の方のお宅で生活の様子を見せてもらい、お話を聞かせてもらった。気仙地域の人々がどのような生活をされ、今後どのような支援が必要なのかを伺う、貴重な場となった。

翌二九日は、碁石《ごいし》海岸の清掃をした。碁石海岸は大船渡市末崎《まっさき》半島の東南端約六キロの海岸線で、「国の名勝・天然記念物」に指定されているほか、「日本《にっぽん》の渚百選《なぎさひゃくせん》」にも選ば

碁石海岸でゴミ拾いを行う第一回被災地交流ツアーの参加者。

れる美しい景勝地。しかし、津波によってさまざまな漂流物が打ち上げられ、美しい浜辺は変わり果ててしまった。かつての浜辺を取り戻すべく、一行はゴミ拾いを行った。

その後、碁石海岸のレストハウスで昼食交流。レストハウスのオーナーで、大船渡ガイドの会の会長でもある小川廣文《おがわひろふみ》さんは、

「来てくれてありがとう。ここはもともと観光地。何か心に残るものがあればありがたい。現地の人々から、何が起きたのかを聞き、この現実を心に刻んで、関心を高めてください」と、熱く期待を語った。

続いて、津波を目撃したレストハウスの従業員が、震災直後の碁石海岸の様子を話してくれた。

「高さが四五メートルもある崖の、三分の

二ぐらいまで海水が上がったかと思うと、引き水の時には海底が見えました。本物の津波は、テレビで見るものと全く違います。ワカメの養殖《ようしょく》筏《いかだ》が流されたり、さまざまなものが渦巻く海にのみ込まれたりしていきます。その自然の脅威を目の前にすると、凄《すさ》まじい恐怖感に襲われるのです。当時はパニックになってしまっていて、いまだに記憶が定かではありません」

午後には、大船渡市から陸前高田《りくぜんたかた》市に移動した。一行は、陸前高田市をバスの車窓から眺めた。当初、街中を覆い尽くしていたありとあらゆるものは、いくつかの場所に集められ、瓦礫《がれき》の山となっていた。市役所や体育館など、一部の建物がかろうじて残るが、街のあらかたの建物は消えうせ、さながら荒野のような景色が広がっていた。建物は壁がなくむき出しになり、中には残された瓦礫が、そのまま手が付けられていなかった。

ここでは、これまでコープあいちの被災地での活動を支えてきた、陸前高田市高田町洞《ほら》の沢《さわ》地区に住む、「認知症にやさしい地域支援の会」の会長・菅野不二夫《かんのふじお》さんがバスの中で、コープあいちとのつながりができた経緯とツアーへの想いを話してくれた。

「食材やタオルの支援を受けただけでなく、コープあいちとのタオルのつながりで、誰が、どんな想いでその支援をしてくれたのかがわかるようになりました。その気持ちに打たれ、われわれもタオルを被災者に広げるために協力してきました。陸前高田の被災状況・復興に向けた取り組みのありのままを見ていただき、愛知の皆さまにお伝えいただけたらと思います」

陸前高田の街一面が破壊され尽くした景色を目の当たりにした人は、それぞれ抱く感慨は違うだろうが、最も共通する感覚は「無力感」ではないだろうか。自然の脅威の前では、一人の個人や一つの組織が、どんなにがんばっても立ち向かうことすらできない。そんな自然に対する畏怖《いふ》の念が自然とわき上がってくる。

被災地交流ツアー参加者の感想

被災地交流ツアーに参加した組合員からは、感想が毎回提出され、さまざまな意見が寄せられる。

ツアーが始まった最初の頃、最も多かった意見は、「被災して、多くの悲しみを背負い、絶望の淵《ふち》を見た人々が、温かく迎え入れてくれることに感動した」といった声だった。

当初、参加した組合員は、被災して悲しみを背負っている人々にどんなふうに接し、どんなことを話せばよいのか不安を抱いていた。しかし、予想に反して、被災地の人々は元気に、明るく迎え入れてくれた。同時に、こうした交流で接している人々は、表に出てこられる人であり、まだまだ表に出てこられない人がたくさんいるということも、だんだんわかってきた。

これまで被災地交流ツアーに、繰り返し参加してきた組合員のメイヤー洋枝《ひろえ》さんは、まるで詩のような文章で感想をつづってくれた。その一部を掲載する。


パンドラの箱はこの地で開けられてしまった。物は全《すべ》て壊された、物は全て持っていかれた、家も、町も、肉体も。パンドラの箱の中に最後に残っていたのは、希望だった。

悲しみは人々の心の中にしまわれていく。人々は悲しみを心にしまいこんで、乗り越えていこうとする。生きているから動いていく。また、生活していく。また、ふるさとを創《つく》っていく。新しい形を創っていく。

私たちは、ただそれを見ている。その人たちの起き上がって歩き出す姿を見に来ている。心にしまった悲しみを、肌で感じながら、重すぎる悲しみを心配しながら、ただじっと見ている。

でもあの人たちは、感じている。誰かがあたたかく見ていることを、力を貸そうと見ていることを。「大丈夫、創っていくよ」と歩き出している。「だから見てて」と叫んでいる。「だれか見てて」と訴えている。「ずっと見てて」と祈っている。

被災地の人々の想いと、被災地交流ツアーに参加した人々の想いが、この文章の中に込められている。

気仙地域の方々と交流したことで、ここで出会った人にもう一度会いたい、彼らの取り組みを応援したいと、何度もこの地に足を運ぶ人がいる。再びこの地に来ることはないかもしれないが、自分が暮らしている場所で、被災地の支援につながることをしようという人たちもいる。

そもそも、この被災地交流ツアーは、被災者の方々の「このまま忘れ去られてしまう」という孤独感に端を発している。その気持ちに寄りそって、継続して見守り続け、手助けが必要なときに相談相手になったり、手を差し伸べたり、この交流ツアーを通して、そんな関係を継続してきた。このような「見守る」という姿勢は、被災地の人々にとっても大変心強い復興への力となっている。

気仙地域の方々の力でつくる被災地交流ツアー

被災地交流ツアーは、気仙地域の現地の多様な方の力を借りて成立している。被災地交流ツアーのコーディネーターや車中のガイドを務めた大船渡市在住の個人ボランティア・水野貞一さんは、自分自身の役割について、次のように語る。

「多くの人が被災する中で、自分は被害に遭うこともなく、家も無傷でした。被害を受けた人のために何かをしなければという思いで、三月一一日の夜から今に至るまで、ボランティアにかかわってきました。その中で、人と人をつなげることが自分に与えられた使命だと感じるようになりました」

水野さんは、震災直後に、炊き出し活動に一緒に取り組んできたメンバーの一人。支援タオルの配布活動ができたのも、現地に広いコネクションのある水野さんのようなサポーターが何人もいたからにほかならない。

そんな水野さんも一時期、ボランティアを本気でやめようと考えたことがあるという。

「ボランティアの時間に忙殺されて、自分の時間を持てなくなってしまいました。月に一〇万円以上持ち出しで活動することもあり、このままでは長く継続できないと思ったのです」

しかし、大船渡市で生活をしていれば、仮設住宅で暮らし、復興の目処《めど》が立たない状況を目の当たりにする。さらに、コープあいちの組合員をはじめとしたさまざまな人々から、被災地を訪れたいとオファーが入ってくる。ここで自分がボランティアをやめるわけにはいかない、と水野さんは思った。

移動中のバスの車中で、水野さんは、さまざまな被災地の現状や被災者の声を伝えてきた。あるツアーでは、岩手県と愛知県を数字で比較して説明してくれたことがある。

「岩手県の人口は一三一万人。それに対して、愛知県の人口は七四一万人と約五・六倍。名古屋市だけを見ても、二二六万人と約一・七倍です」

さらに、二〇一〇（平成二十二）年の県内総生産を見ると、岩手県は四兆一七二〇億円、愛知県は三二兆一二二〇億円で、八倍弱となっている。

被災地交流ツアーは、ただ単に被災地への支援という側面だけではなく、地方の疲弊や格差、超高齢社会など、現在の日本が抱える多くの問題と向き合う機会にもなっている。

仮設住宅の方々と築いてきたつながり

支援タオルは、幅広い人や団体に届けられたことで、気仙地域でのさまざまなつながりができた。そして、被災地交流ツアーを通して、そのつながりはさらに広がり、強固なものになっていった。被災地を訪問した組合員などが仮設住宅の方との温かい交流を繰り返し実現できたのは、現地の方の理解と支えがあったからこそだ。

二〇一二（平成二十四）年六月二日から四日に開催された、五回目の被災地交流ツアーには、三一人の組合員が参加した。最終日、三班に分かれて活動し、A班は仮設住宅の草取り、B班は仮設住宅の農地の整備、そして、C班はいわて生協の開催したお茶っ子会に参加した。

仮設住宅の方々と交流したC班の参加者たちは、同世代だったこともあり、学生時代の思い出などに花を咲かせ会話が弾んでいた。会がお開きになり、坂の上にある集会所から引き上げる際のこと。足が悪く、いつも車の送迎で行き来していたおばあちゃんが、こう言った。

「今日は気分がいいから、みんなと歩いて帰りたい」

その日、そのおばあちゃんは、自らの意志で、ゆっくりではあるが、一歩一歩しっかりとした足取りで歩き、コープあいちの一行を笑顔で見送ってくれた。

人と人が心を通じ合わせることは、こんなにも活力を与えられるのだということを参加者たちは目の当たりにし、自分たちの活動の意義を確認することにつながった。

二〇一二年一一月九日から一一日、二年目の秋に開催された、九回目となる被災地交流ツアーには、二五人の組合員が参加した。ここでは支援が入りにくい小規模の仮設住宅に、三チームに分かれて訪問した。繰り返し交流ツアーに参加する組合員の中には、顔なじみの住人の方も何人かいて、歓喜の声を上げて、再会を喜び合う姿が見られた。

訪れた仮設住宅の一つ、細根沢《ほそねざわ》仮設では、郷土料理を一緒に食べながら、笑いの絶えない交流会となった。特に、ピンクの服しか着ないという仮設住宅のある女性は、〝ピンクさん〟の愛称で親しまれ、独特のキャラクターで場を和ませていた。会が終わる頃には、別れを惜しんで、組合員と仮設住宅の方とが抱き合い、涙を見せる一幕もあった。

このような交流会が開催されるのは、仮設住宅の集会場が多く、組合員は仮設住宅の住人の皆さんと食事をし、さまざまな会話をする。コープあいちの側で食事やお菓子を用意していくが、仮設住宅の住人の方たちもまた、つみれ汁や漬物、手作りのお菓子〝がんづき〟などを振る舞ってくれる。そこから、支援されるだけでなく遠方から来ている人々をもてなしたいという、気仙地域の人々の気持ちが伝わってくる。

仮設住宅の方の中には、被災によって大変な目に遭いながらも、笑い話のように被災体験を話す人がいる。被災したことは悲しいが、それがなければ味わえなかった経験や出会いがたくさんあると、前向きに生きている人々もいる。涙を流しながら、自分の被災体験をポツリポツリと話す人もいる。人に話すことで自分の中の思いを整理したり、人と会話するつながりの中で安心感を得たり、自らの体験を伝えたいという気持ちがあったり、そこには人それぞれ、さまざまな思いをかいま見ることができた。

被災地交流ツアーの参加者は、気仙地域の被災者の方から「どうして、そんなに繰り返し被災地に来てくれるのか？」という素朴な質問をされることがよくある。

それに対して、組合員の祖父江《そぶえ》裕子《ゆうこ》さんは、「被災地に来ることで、日常では得られない体験や温かい気持ちがもらえるからです」と答えた。

被災地交流ツアーにおける交流は、支援する側とされる側という一方向的な関係ではなく、お互いに与え合う関係になっているということだ。ツアーに参加した組合員は、交流の中から、たくさんの感動や勇気をもらっている。また、迎え入れる気仙地域の方も、繰り返し来てくれる人々をもてなすことは大変なことではありながらも、生きる張り合いにつながっている側面もあるようだ。

阪神・淡路大震災では、二年を過ぎた頃から、多くの人が仮設住宅から出て生活を再建し始め、五年で仮設住宅で暮らす人はゼロになっている。しかし、気仙地域では、それほど順調に事は進んではいない。

震災から一年八カ月たった二〇一二年一一月現在、気仙地域には、大船渡市三七カ所一八〇一軒、陸前高田市五二カ所二一九七軒、住田町《すみた》三カ所九三軒の仮設住宅があった。津波による甚大な被害を受けたこの地域では、土地のかさ上げの問題や、高台への移転、高台にある土地の高騰など、さまざまな問題が浮上している。そのため仮設住宅で暮らす人の九〇パーセントは、いまだ再建の目処《めど》が立たず、仮設暮らしの長期化が予測されていた。復興庁から二〇一四（平成二十六）年二月一〇日に出された「住まいの復興工程表」を見ても、徐々に民間住宅や災害公営住宅などが供給され始めてはいるものの、すべて行き渡るまでには時間がかかることがわかる。とりわけ津波の被害の大きかった陸前高田市では、二〇一六（平成二十八）年以降の供給が一七〇〇軒と、長期化することが見込まれる。

阪神・淡路大震災の教訓からも、仮設住宅に入っている期間が長くなるほど、心のケアが重要になってくる。まさに、被災地交流ツアーがこれまで行ってきたような、仮設住宅で暮らす人々との相互の交流が、今後より求められていく。

三陸気仙の歴史と文化を学ぶ

気仙地域は、三陸気仙と呼ばれることもある。三陸とは、陸前・陸中《りくちゅう》・陸奥《むつ》からなる、リアス海岸の岩手県沿岸部の地域。陸前に位置する気仙には、大船渡市、陸前高田市、住田町（気仙郡）がある。よく宮城県の気仙沼《けせんぬま》と混同されることもあるが、ここで指す「気仙」は異なる。

歴史的に見ると、気仙地域は現在の岩手県の大部分を占める盛岡藩領ではなく、当時勢力のあった伊達《だて》（仙台）藩領であった。伊達藩がこの地にこだわったのは、豊富に金が採

仮設住宅の方々と交流するコープあいちの組合員。（撮影：山口奈美）

れたためといわれている。今でも住田町の気《け》仙川《せんがわ》などでは、砂金採り体験ができ、被災地交流ツアーでも何度か訪れている。この気仙の金文化は、二〇一一年に世界文化遺産に登録された平泉《ひらいずみ》ともかかわりが深い。

三陸気仙の歴史や風土については、被災地交流ツアーを通して、さまざまな方からご教示いただいた。なかでも、陸前高田市観光物産協会の副会長である實《み》吉《よし》義正《よしまさ》さんのお話は、大変興味深い内容だった。實吉さんは、被災地交流ツアーのコーディネーターとして、たびたびお世話になっている方でもある。

「岩手県は、これまで三度の敗北を繰り返してきた」と實吉さんは話す。

まず一度目の敗北は、平安時代初期の蝦夷《えみし》のアテルイ。東北を制圧しようとする朝廷の軍を少数の軍勢で退け、後に坂上田村麻呂《さかのうえのたむらまろ》によって滅ぼされる人物である。教科書の歴史ではほとんど触れられることはないが、岩手の人々のアテルイに対する尊崇の念は強い。実際に、岩手県のいわて生協の店舗には「コープＡｔｅｒｕｉ」という名がつけられていることからも、アテルイは中央と勇敢に戦った英雄とされていることがわかる。

二度目の敗北は、奥州《おうしゅう》藤原氏と鎌倉幕府の戦いだ。源頼朝《みなもとのよりとも》と対立した弟の源義経《よしつね》は、奥州藤原氏の本拠地である平泉に潜伏。それを理由に、頼朝は出兵し、奥州藤原氏を滅ぼしている。

三度目の敗北は、幕末維新の激動期、盛岡藩や一関《いちのせき》藩、そして、伊達藩が奥羽越列藩同《おううえつれっぱんどう》盟《めい》に加盟しての新政府軍との対立だ。結局、ここでも新政府に敗北し、減封《げんぽう》などの処分を受けている。

さらに實吉さんは、次のような話をしてくれた。

「今回の津波は、四度目の敗北かもしれない。しかし、岩手県には、敗北を繰り返しそのたびに起き上がってきた歴史があります。今回も必ずや岩手県は復興を遂げられると信じています」

實吉さんのお話は、現在広く人々に行き渡っている歴史観は、中央から見た偏ったものではなかったかとの思いを深くする。東北で学ぶ「敗者の歴史」を通して、歴史の光と影が見え、その背景にある、東北の人々が抱く反骨精神もうかがい知れる。

實吉さんは、「東北人のイメージ」についても話してくれた。

かつては冬場になると、東北の人々は、東京をはじめとした都会に〝出稼ぎ〟に行った。東北人のイメージは「我慢強く、不平不満を言わない」と昔からされていた。しかし、そのイメージは、必ずしも正しいとは言い難いと實吉さんは指摘する。

「私も大学時代、東京で過ごしました。東京には、全国各地から人々がやって来て、さまざまな方言を喋《しゃべ》る。しかし、なぜか笑われるのは、自分たち東北のなまりがある者だけなのです。東北人は寡黙だという印象は嘘《うそ》で、実は、笑われるのが嫌だから喋らないという側面もあると、私は考えています」

岩手県は、気仙地域をはじめとした沿岸部は津波によって街を流され、すべてを失い、新たに街を創《つく》ろうとしている。ある人は、「岩手県には、理想の地を追い求めた歴史がある」と教えてくれた。理想国家を目指した奥州藤原氏、宮沢賢治《みやざわけんじ》も郷土岩手に基づいた創作活動を行い、理想郷〝イーハトーブ〟を夢見たという。今後、岩手県の沿岸部がどのような街づくりを目指すかは、歴史的な観点から見てもとても深いテーマとなっている。

災害を学び地域の防災に活かす

気仙地域の災害を学び、自分たちが暮らす地域の防災に活かすこと。それは気仙地域の人々の願いである。同時に、太平洋に面し、いつ同じような被害を被るともわからない愛知県の組合員にとっても、被災地交流ツアーを行っていく中での重要なテーマとなっていた。

気仙地域を訪れ、個々の被災体験を伺ったり、実際に津波による被害に遭った街を見たりすることは、防災の意識を高めるのには大きな意味がある。

とりわけ、交流ツアーで訪れた大船渡市吉浜《よしはま》地区は、防災を考えるうえでは、非常に学びの多い場所であった。ここは〝奇跡〟の集落と呼ばれている地区だ。なぜこのような名が付いたかと言えば、同じような地形の隣の集落では、津波で一〇〇人近く亡くなっているにもかかわらず、吉浜地区では死者は一人だけだったためだ。しかし、個人ボランティアの水野貞一さんは、「〝奇跡〟という呼び名はふさわしくない」と強調する。

一九三三（昭和八）年の昭和三陸地震の津波では、吉浜では一〇〇〇人が亡くなっている。このような惨事を繰り返さないために、吉浜地区はこの時、高台への移転を決行したのだという。今回、死者を一人で食い止められたのは、〝奇跡〟ではなく、先人の勇気ある移転の結果だった。

実際に沿岸の地域には畑が広がり、緩衝地帯が広々と取られている。人が住んでいる住宅地は、すべて海から離れた高台に広がっていた。今後の防災を考えるうえでも、この地を訪れることからは多くの学びが得られよう。

津波の脅威を知ることができる場所に、「大船渡津波伝承館」がある。二〇一二年三月一一日に、銘菓「かもめの玉子」で知られる、さいとう製菓の工場内に仮オープンした施設だ。

ここでは津波の映像や被災体験談のパネル展示が見られ、語り部による被災地ツアー（希望者のみ）も体験できる。ゆくゆくは、津波で被災した旧本社跡地での本オープンを目指していた。

しかし、事態は変わってきた。旧本社は、海から約六〇メートルの場所にある鉄骨三階建ての建物。津波によって二階の天井まで浸水し、全壊してしまった。当時さいとう製菓の専務だった齋藤賢治《さいとうけんじ》さんは、地震発生直後からこの本社の屋上近くの高台から動画を撮影していた。齋藤さんは現在、「大船渡津波伝承館」でその動画を上映するとともに、津波の〝語り部〟活動をボランティアで行っている。

「本社ビルを残せれば、さらに説得力をもって、津波の脅威を後世に伝えられる」と、震災遺構として残す道を探ってきた。保存管理の経費はおよそ一億円。あらゆる手を尽くしたが、資金調達ができず、解体されることとなった。「身を削り取られるようだ」と言う齋藤さんは、断腸の思いであきらめざるを得なかった。

愛知県では、約百年から二百年周期で発生する東海・東南海地震など、いずれ大規模な地震が起こると予測されている。このような被災地での教訓や学びを目の当たりにすることで、愛知県で震災が起こったことを想定した、さまざまな災害に対しての備えの必要性を痛感することとなった。

避難所での医療と福祉避難所の創設

時間がたつに連れて、震災直後から現在に至るまで、支援にあたってきた現地の方から直接、体験談を聞くことができるようになっていった。それは、今後の防災や地域づくりにおいて、非常に重要な学びの機会となった。

二〇一三（平成二十五）年一〇月の、コープあいちの職員や理事が参加する被災地気仙研修では、退職した看護師、保健師、管理栄養士などで構成されるＮＰＯけせん・まちの保健室の畑中幹子《はたなかみきこ》さんのお話を伺った。けせん・まちの保健室は、炊き出し支援や支援タオルの配布を手伝ってくれた気仙市民復興連絡会の加盟団体の一つである。

「けせん・まちの保健室の会員は、発災以前から災害看護研修を受講するなど、災害時の医療への心構えができていたと思います。しかし、それでも実際の災害時の医療現場は、困難を極めました」と畑中さんは話す。

震災直後から、けせん・まちの保健室の会員は、それぞれの居住地で被災者の救護活動を展開してきた。しかし、医療設備の調っていない避難所では、できることに限界がある。ある避難所には、九〇歳のお年寄りが津波にのまれ、びしょぬれで運ばれてきた。ぬれた体を拭き、集められた新しい洋服に着替えてもらったのだが、ついに亡くなってしまった。

「ライフラインが断たれた避難所での救護活動は、このようなケースは珍しくありません。発災直後の避難所は壮絶なものでした」と、畑中さんは言う。

震災直後、畑中さんがボランティアで入っていた避難所に、出産をしたお母さんと生まれたばかりの赤ちゃんが入ってくることになった。病気などの感染を防ぐために、専用の部屋をひとつ作った。さらに、出産後に精神的な不安を抱えているお母さんの、心身のアフターケアをする助産師も必要だった。しかし、電話は震災後四〇日間不通、車のガソリンも不足していた。そこで、比較的ガソリンに余裕がある方に頼み、助産師の家に直接お願いしにいった。

「看護師として、災害があったときの想定や必要な知識は身につけていました。しかし、実際には想定外のことも起こるし、具体的に何が起こるかを、普段の日常の中でイメージしておくのは難しい。だからこそ、被災地で起こった出来事をできるだけ伝え、次の災害の備えに生かすことが大切です」と主張する。

避難所での支援を外部の支援団体に引き継ぎ、畑中さんは四月一六日から、災害対応型出前保健室をスタートした。

「避難所をはじめ、さまざまな場所に出向き、健康チェックをしました。血圧測定をしながら、多くの方々が被災時の状況を語ってくれ、共に涙しました。精神的なケアにおいては、愛知ネットから派遣された臨床心理士チームと行動を共にしたことから、充実した運営が可能になりました」と、畑中さん。

四月半ば、大船渡市役所の福祉担当者から畑中さんに連絡があった。その内容は「福祉避難所の立ち上げをお願いできないか」というもの。福祉避難所とは、一般的な避難所での生活が難しい、けがをしたり病気を抱えていたりする災害弱者の方が入る避難所のことだ。

「正直、福祉避難所に関する知識はありませんでした。しかし、できるできないではなく、つくらなければいけない、という状況であったためお引き受けしました」

それから、どんな方たちを受け入れるのかを想定し、どんな設備が必要かを考えていった。場所は、もともと障がい者も泊まれる設備のあった県の施設「福祉の里センター」に決まった。そこには当時三〇〇人ほどの避難者がおり、三部屋を福祉避難所にすることになった。

「問題なのは人手でした。福祉避難所は二四時間態勢が求められます。当時看護師はどこも人手が不足。そこで、ヘルパーの手を借りようと思いました」

たまたま畑中さんは、ヘルパー講座の講師をしていたため、そのつながりから人を探すことができた。看護師二人、ヘルパー八人が確保できて、人件費を見積もり、行政がそれを負担することになった。必要なものは支援物資の中から調達した。二四時間体制のシフトを組んで、四月二五日からの受け入れ準備が整う。

最初に福祉避難所へやって来たのは、避難所の中でつまずいて骨折をした八〇歳の女性だった。

「最初の印象は、無愛想で不平不満ばかり言う、困った患者さん」と、畑中さんは振り返る。しかし、その患者さんは、個室に入り、柔らかなフカフカのベッドに横たわると、安堵《あんど》の表情を浮かべて「ああ、これなんです！」と声を挙げた。そして一晩そのベッドで眠ると、人が変わったように穏やかな性格になった。

「本が好きな、大変人柄の素晴らしい方でした。常に周囲に人のいる避難所での落ち着かない環境。床にそのまま敷かれる硬い布団。日常のくらしとかけ離れた避難所生活がいかに人の気持ちをすり減らすものか、と実感しました」

その後、福祉避難所は七月三一日までの三カ月間続け、通常の避難所での生活が難しいさまざまな方を受け入れていった。

「後でわかったのですが、福祉避難所の考え方やノウハウ自体は、阪神・淡路大震災の際に出来上がっていたのです。しかし、それが世の中に伝わっていませんでした。仕組みを構築するだけでなく、いざというときに備えて、浸透させておくことが大切です」

畑中さんは、「自分は被災者ではない」とずっと思っていた。住んでいる家の被害もなく、家族も無事。自分は被災していないのだから、被災した人のために全身全霊を尽くして支援しなければ、という思いで懸命にがんばってきた。

しかし、「自分は被災者ではない」という考えは、今は少し変わってきている。

「震災直後の緊急時を切り抜け、しばらく時間がたったとき、自分がうつ病になっていることに気づいたんです。家を失った人も失わなかった人も、被災地で生活している人はすべて、多くの悲しみに触れ、さまざまな被害に遭っています」

畑中さんは、「自分も被災者なんだ」と考えられるようになって、少しだけ心が軽くなったと話してくれた。

畑中さんの話から、被災地の人のために支援に当たっている方への心身のサポートも、今後の震災支援においては重要な課題であることが見えてくる。

この研修に参加したコープあいちの福祉サービス天白《てんぱく》の岩崎由美子《いわさきゆみこ》さんは、「被災地の方から災害時の対応の仕方や経緯をお聞きして、災害時に向けてシミュレーションをする防災勉強会を開く重要性を痛感しました。また災害時は、連絡網が全く役に立たない状況に陥ったとのこと。個々の判断で動くこともあるので、日頃から近場の店舗や宅配センターと連携を取っておくことも大事だと思いました」と感想を述べた。

気仙地域のこれからの観光を考える

気仙地域が復興を目指すにあたっては、地域の産業を活性化していく必要がある。産業の中でも特に観光産業という視点から見ると、気仙地域のポテンシャルは高い。

二〇一二年三月に発足した、「大船渡おもてなし隊」は、大変興味深い取り組みをしている。この団体の名称には「もてなす」と「うらおもてがない」という意味合いの両方が込められている。二〇一一年までは、大船渡ガイドの会に所属、震災直後に炊き出し活動に一緒に取り組んでいた仲間でもあり、被災地交流ツアーを熱心に支えてくれている団体

おもてなし隊の皆さんが振る舞ってくれた「落ち着き」。

の一つだ。

大船渡おもてなし隊では、「落ち着き」という伊達藩時代から伝わる祝い事やおもてなし料理を、みんなで一緒に食べるツアーをやりたいという構想を持っていた。実際に交流ツアーの参加者に、「落ち着き」を振る舞ってくれた。「落ち着き」は、遠路はるばる来たお客さんに対して、正式の膳の前に出される水餅やうどん、お煮しめなどの料理。おもてなし隊はそれにアレンジを加えて、会席膳として提案している。

この「落ち着き」は、二〇一二年七月、歌手の森山良子《もりやまりょうこ》さんが大船渡市を訪れた際にも振る舞われた。この模様は同年一二月に、NHKの番組「きらり！　えん旅　ライブスペシャル」で放送されている。

おもてなし隊の志田裕子《しだゆうこ》さんは、

「岩手県の平泉は世界文化遺産となりましたが、大船渡は心の世界遺産になりたいと思いました。それを形にすることはできないだろうかと考えた末に出来上がったのが、この地域で昔からお客さんに振る舞われていた『落ち着き』でした」と話してくれた。

被災地交流ツアーの参加者は、あんこをつけた甘いお餅としょっぱい汁のうどんとの組み合わせに、カルチャーショックを受けながら食事を楽しんだ。組合員の一人からは「甘いお餅としょっぱいうどんが合うのかなあと最初は思いましたが、実際食べてみると美味《おい》しくいただけました。また、すべてを食べるには多すぎる量なので、少量で提供してみてはいかがでしょうか」と感想と提案が伝えられた。

大船渡市にある三陸鉄道は、NHKの連続テレビ小説「あまちゃん」で取り上げられ、一躍注目を集めている鉄道でもある。ただし、「あまちゃん」で登場したのは、久慈《くじ》から宮古《みやこ》を結ぶ北リアス線。気仙を走るのは、盛《さかり》から釜石《かまいし》までを結ぶ南リアス線だ。

盛（大船渡市）から釜石までの区間は三六キロ。交通の便の悪い、行きづらい場所をつないでいるため、地元の人にはなくてはならない「命をつなぐ路線」ともいわれる。

NPO法人夢ネット大船渡は、津波で三陸鉄道が流された後、盛駅駅舎「ふれあい待合室」の運営を県から任され、三陸鉄道の復旧後も盛駅を運営している。盛駅は支援タオルが置かれた場所でもある。

ＮＰＯ法人夢ネット大船渡の理事長・岩城《いわき》恭治《きょうじ》さんも、「将来的な構想としては、三陸の海や山を活かしたグリーンツーリズムのようなものができたら」と話している。

三陸鉄道南リアス線は、二〇一三年四月三日、盛から吉浜《よしはま》までの二一・六キロで復旧工事を終え、約二年ぶりに運行を再開した。残りの区間も、二〇一四年四月に運行が再開された。現在走る四台の車両のうち、三台はクウェートから寄付されたもの。一台は東日本大震災が起こった際にトンネル内にあり、奇跡的に津波の被害を免がれた車両だ。途中の恋《こい》し浜《はま》駅では、数分間停車する。待合室にはホタテの貝殻が絵馬となり、さまざまな願い事がぎっしり吊《つ》るされる観光名所になっている。

陸前高田市には、高田松原という全国有数の観光名所があった。江戸時代の一六六七(寛文《かんぶん》七)年に、高田の豪商・菅野《かんの》杢之助《もくのすけ》によって植栽され、仙台藩や住民の力で植えられたのが始まりだ。震災前、七万本の松林を誇る高田松原は、年間一〇〇万人以上が訪れる景勝地であった。

しかし、今回の津波によって松林は流され、唯一津波に流されずに残った松があり、それが〝奇跡の一本松〟と呼ばれるようになった。あの津波に流されることなく残ったことから、復興の象徴とされる。

しかし、二〇一二年五月、海水による深刻なダメージによって、傷ついた松の木の枯死が確認された。そこで、一億五〇〇〇万円をかけて保存処理を施す。莫大《ばくだい》な費用をかけて保存処理することについては、賛否両論の意見があった。

現在、陸前高田の一本松はモニュメントとして同じ場所に立っており、陸前高田に足を運んだ人の多くが訪れる観光スポットとなっている。その背後には、朽ち果てた陸前高田ユースホステルの建物があり、震災の傷跡をうかがい知ることができる。

二〇一二年五月、かつての大船渡市の中心地の一角に、大船渡屋台村が完成した。津波による壊滅的な被害を受けた地域に、復興の明かりが灯《とも》ることになった。大船渡屋台村とそのすぐ隣にある復興おおふなとプレハブ横丁には、さまざまなお店がある。なかでもおすすめは、三陸の海の幸を楽しむことができるお店だ。ウニやホヤ、サンマ、カキは代表的な三陸の味覚。さらにサメの心臓の刺し身、マンボウの刺し身や卵巣など、ほかではなかなか味わえない珍味も楽しめる。

お酒も、陸前高田市が誇る酔仙《すいせん》酒造の銘酒「酔仙」や、にごり酒「雪っこ」などの地酒がある。酔仙酒造も津波によって工場が流されてしまったが、二〇一二年八月二二日に大船渡市に工場を再建し、事業を復旧している。もとをたどれば、酔仙酒造は気仙地域の八軒の造り酒屋が一つにまとまってできた蔵元、という歴史もある。

大船渡のゆるキャラ「おおふなトン」

昨今、ゆるキャラがブームとなっている。その火付け役ともいえる熊本県のマスコット「くまモン」は、その経済効果が約三〇〇億円ともいわれている。

そのような世の中の流れを受けて、二〇一二年の一〇月から一二月の期間、「銀河連邦サンリクオオフナト共和国ＰＲキャラクターデザイン」を全国に公募したところ、二九六点の応募があった。

これらを市内の中学生や大船渡高校美術部などの協力で、五〇点まで選定した。さらに「くまモン」をプロデュースした、放送作家・小山薫堂《こやまくんどう》さんがパーソナリティーを務めるラジオ番組「ジャパモン」内で三点に絞り込み、市民などからの意見募集を経て、キャラクターがついに決定した。

そのキャラクターとして選ばれたのが、愛知県名古屋市在住のフリーカメラマン・山口《やまぐち》

大船渡で大人気の「おおふなトン」。（撮影：山田省蔵）

奈美《なみ》さんが考えた「おおふなトン」だった。山口さんは、震災直後にＮＰＯ愛知ネットのボランティアとして気仙市民復興連絡会発行の『復興ニュース』を担当。その後、被災地交流ツアーにもたびたび同行し、コープあいちの被災地支援ブログを担当してきた。このようなつながりから、復興を牽引《けんいん》していくキャラクターが生まれたということは、大変喜ばしいことだった。

「おおふなトン」は、世界的にも「富と繁栄」の象徴とされる縁起物のブタの要素と、「東日本大震災のダメージから起き上がる」という思いを込めたダルマを組み合わせたキャラクター。頭に大船渡の花であるツバキの花をあしらい、お腹《なか》には大船渡の希少な海産物である黄金サンマの模様、しっぽは大船渡のアルファベットの頭文字「Ｏ」をかたどっている。

ちなみに山口さんは、この「おおふなトン」を制作する際、最初は絵で描いていたが、なかなか思ったような形にまとまらず、粘土に切り替えてこの造形を作り上げ、さらにそれを写真に撮って応募したという。

「おおふなトン」は、ＪＲ大船渡線のＢＲＴ（バス・ラピッド・トランジット〔バス高速輸送システム〕）の車体にもラッピングされ、大船渡の顔として復興に向けて活躍。全国のさまざまな有名ゆるキャラたちとも共演し、〝ブサかわいい〟と知名度を日増しに高めている。

気仙地域の子どもたちにも「おおふなトン」は大人気。その生みの親である山口さんは、気仙地域を訪れるとサインを求められることもあるという。「おおふなトン」は、愛知県からの応援する思いを、気仙地域の人々が受け入れて命を吹き込むことで結実した、愛知と気仙地域の絆を強める象徴的なキャラクターといえるかもしれない。

地元企業の復興を購買事業を通して後押しする

被災地交流ツアーでは、大船渡市を代表する水産業者である鎌田水産《かまたすいさん》に何度も足を運んでいる。鎌田水産は加工場が被災したが、製氷工場や冷凍庫は無事であり、懸命な努力の末に、いち早く事業を復旧した企業だ。

代表取締役社長の鎌田《かまた》仁《じん》さんは、

「大船渡でうちだけが残りました。漁師はサンマを獲《と》っても、水産加工場がなければほかの港町に水揚げせざるを得ません。大船渡の漁業を復興するには、うちが踏ん張らないと展望は開けないのです」と、力強く語った。

鎌田水産が保有していた二艘《そう》の船のうち、一艘は無事だったが気仙沼《けせんぬま》に停泊していたもう一艘は焼失した。また、工場内で冷凍保存中のサンマ約八〇〇〇トンが散乱し、その処分作業に追われた。従業員の多くも津波で家族・親族と生活の場を失ったが、懸命に事業の復旧を急ぎ、二〇一一年五月には一部業務を再開。七月には全職員を戻し、再スタートを切った。四カ月で事業を復旧したのは、驚くべきことだった。さらに、同年夏には建設中だった一艘が完成し、船は再び二艘になった。

気仙地域を牽引する産業である水産業の復興は、復興事業全体の成否の大きなカギを握っている。鎌田水産は、大船渡市の水産業を盛り上げる牽引役となっており、被災地交流ツアーで訪れるたびに、わかりやすく復興を感じることができる場所でもあった。

二〇一二年八月には、国の補助事業を活用して漁船一艘を完成させ、合計三艘になった。さらに二〇一三年一二月には、新しく加工工場を建設。二〇一四年夏には寮も建設され、一〇〇人以上の雇用を生み出している。新工場では、焼く・煮るという加工からレトルト加工まで幅広く対応するという。

コープあいちでも加盟する東海コープ事業連合を通して、二〇一三年に宅配と店舗の両方で、鎌田水産のサンマを大々的に取り扱っている。

水産加工工場が稼働されれば、より多くの商品の供給が可能になる。鎌田水産営業課の山口優希《やまぐちゆうき》さんからも、組合員がどのような商品を望んでいるか、リクエストや意見が欲しいという要望があった。

今後、このような被災地域の地場産業を応援することが復興には不可欠であり、そのためには生協の購買事業を通しての継続的な支援が必要となる。

被災地での仕事について考える

被災地交流ツアーでは、被災した漁村への支援事業を行うまほろば企業組合を率いる上《う》野《え》孝《の》雄《たかお》さんの元をこれまで何度も訪れ、ワカメの芯（茎）を取り除く〝芯抜き〟や麦畑の耕作などを行ってきた。

上野さんとの関係は、二〇一一年一〇月、コープあいちの福祉事業部の幹部が、主要高齢者福祉施設を訪問したことがきっかけだ。

上野さんは津波による被害で、大船渡市にあった自宅は天井まで浸水し全壊。経営していた道の駅物産館（年商七億円）や、三〇年間経営してきた水産施設（年商三億円）も失った。上野さんがセンター長を務める、大船渡市末崎《まっさき》町にある高齢協（日本高齢者生活協同組合連合会）に加盟する福祉施設「すずらん」だけは無傷だった。

二〇一一年九月、上野さんは「まほろば」を発足し、生家のある大船渡市合足《あったり》地区で農業と林業、さらに浜の漁業権を確保して、養殖業を開始した。ここを「高齢者の社会貢献の場づくり」と「農業・林業・漁業の一次産業の復興」の場にしようとしている。

二〇一二年の夏の被災地交流ツアーでは、参加した組合員が、津波によって塩害を受けた二反余りの畑の草刈作業と石ころの撤去作業をし、耕運機が入れる状態までもっていった。

さらに後日のツアーで、耕運機を使いながらの畝《うね》造りと、麦の種蒔《ま》きをした。組合員が種を蒔《ま》いた畑は、農家の方が作付けする予定のない耕作放棄地で、数人の土地所有者から了承を得て借用している。この畑を震災後、仮設住宅などで生活する高齢者らの作業場として活用していく予定だ。

「大学の先生などは、塩害の畑では作物はできないといいますが、実際にはしっかりと野菜が育っています。この地域では、津波の被害によって耕作放棄地がますます多くなっていますが、今回の活用を一つのモデルとして、他の地域へも普及していきたいと考えています」と上野さんは話す。その言葉を実証するかのように、周囲にある畑にはさまざまな野菜が育っていた。

作業の後は、つみれ汁、焼きサンマ、焼きホタテをご馳走《ちそう》になり、三陸の郷土料理と海の幸を参加者は満喫した。

「コープあいちとのかかわりは、観光のつもりで見学するんだったらお断りでした。だけど、そうじゃない。地元のことを手伝いながら交流するんだ、と聞いてうれしかったですね。こんなふうに被災地を励まし続けてくれるところはほかにありません。皆さんの気持ちは、私らの中につながっています。何かあったときは、自分たちもこうありたいという理想になっているんです」と、上野さんは話してくれた。

今回、組合員が蒔いた麦はその後収穫し、その麦からさまざまな商品を作っていくという。「もし皆さんの周りで、ここで働きたいという人がいたら、ぜひ紹介してほしいです」と上野さんはツアー参加者に呼びかけた。

上野さんは、近隣だけでなく都市部に住む定年退職した人など、遠方を含めたシニアボランティアの力を借りながら、「まほろば」を運営していくことができないか模索している。

農業、林業、漁業などの第一次産業は、収穫時などに多くの仕事が発生する。現在、上野さんは、繁忙期などに泊まり込みで仕事を体験できるシェアハウスをつくる構想も持っている。この新たな取り組みが実現すれば、農業や林業、漁業などの体験ができる施設というだけでなく、自然、環境、教育、研修、観光など、さまざまなことを学べる場としても大きな可能性を秘めている。人材や地域、情報が融合することで、農村が本来持っている多様な資源を活かすことができるようになるのかもしれない。

上野さんは、障がい者支援、居宅介護、産直に加え、一人ひとりの働き手が出資者であるワーカーズコープも立ち上げ就労支援を後押しし、生活を丸ごと支えるシステムを構想。将来的には地域の人と外からやってきた人などが連携できるようなコミュニティービレッジを作りたいという夢を持っている。今後、都市も地方も疲弊していくであろう日本において、地域経済を自立させることは重要なこと。被災地で、先進的な社会の在り方を目指す取り組みが進められている。

若い世代でも、被災地での仕事の創出に取り組んでいる人がいる。ＮＰＯ絆プロジェクト三陸の理事長・佐《さ》藤健《とうけん》さんだ。佐藤さんは、大船渡市にある仮設商店である大船渡プレハブ横丁で整体院を経営している。

佐藤さんは、震災で自宅を失い、避難所生活を送りながら、陸に揚がった船を撤去する活動などを行い、臨時災害ＦＭ局を運営。さらに、二〇一二年一月末に、絆プロジェクト三陸を立ち上げた。

絆プロジェクト三陸の活動の柱のひとつが、「子どもに関する支援」だ。コープあいちでも、仮設住宅での交流会の開催や大船渡市内の小学校に太巻き作りの食材を提供してきた。また、絆プロジェクト三陸では、お笑い芸人やミュージシャンのステージをプロモートしたり、気球に乗るイベントを企画したり、子どもたちが夢を持つきっかけづくりを行っている。

もうひとつの活動の柱となるのが、「起業家の育成」だ。地元での起業をサポートする取り組みで、二〇一二年に一二組の起業家を送り出している。

もともと三陸気仙には、高齢化や若者の流出の問題があり、そこへ起こったのが震災だったのだ。

今後の気仙地域の展望について佐藤さんは、

「これをチャンスととらえ、新しい産業で仕事を生み出し、若者が生活できる街にしたいと思っています。顔なじみの人ばかりの町内会は、いざというとき力を発揮します。そんな田舎の良さに仕事が加われば、きっと若者たちが暮らしたいと思える街に再生できると信じています」と話してくれた。

被災地の手芸品について

被災地における手芸は、生計を立てる手段や小遣い稼ぎ、仮設住宅で過ごす人々の生きがいづくりとしても注目されている。しかし現状は、多くの人が手芸で作ったものの販路がなく、作ったものが作った人の手元に増えていく一方。コープあいちでも、その一部を買い上げて、愛知県での販売支援を展開している。

被災地交流ツアーでは、手芸品作りの活動を運営する方や、制作者とたびたび交流し、その商品を深く知ってサポーターになるとともに、魅力的に見せる方法や販路を一緒に考えてきた。

震災から一カ月ほどたった頃、気仙地域に寄せられた支援タオルは、多くの家庭に行き渡たっていた。そこに付加価値を付けることで復興につなげよう、と始めたのが、支援タオル配布が縁で結びついた大船渡市の互助団体・多目的ホール「みんなの家」の「まごころ雑巾《ぞうきん》」だった。

参加する仮設住宅の住民にはタオルと縫製道具、刺繍糸《ししゅう》、針を配布。まず、タオルで雑巾を作り、そこに刺繍糸で飾りつけをしていく。すべて手縫いで行うため、柔らかな仕上がりで、同じものが二度とできないのが特徴。

「商品を作る」と聞くと尻込みをする人が多い中で、「雑巾ならば」と気軽にできることもあり、最多時には約七〇人の作り手が参加していた。刺繍のレベルもかなり上がり、使うのがもったいないような色とりどりの美しい雑巾が作られている。ただし、作り手によって、品質や創意工夫にバラつきがあるのが悩みの種だ。

まごころ雑巾は一枚二五〇円で販売され、二〇〇円を作り手に、五〇円を組織の運営費に回している。また、この取り組みは大々的な事業として展開するのではなく、自分たちの空いた時間で無理することなく続け、子どものおやつ代などの足しにできれば、という方針を貫いている。現在抱えている問題は、販路が見当たらないということ。取材で訪れたときも、二〇〇〇近い在庫を抱えていると、話していた。

「NPO法人夢ネット大船渡」では、大船渡、陸前高田で手芸作品展示会を開催し、約一〇〇人が参加している。そこから誕生した団体「こしゃる三陸」のメンバーとコープあいちの組合員は、二〇一三年一〇月の被災地交流ツアーで、手芸品の今後を一緒に考える機会を持った。「こしゃる」は「こさえる」ということで、盛駅のふれあい待合室に手芸品を出している方による会だ。これまでに一度、三陸鉄道に乗ってお弁当を食べ、メンバー同士で交流しながら手芸品の制作をしたこともある。

三陸鉄道盛駅ふれあい待合室駅長でもある熊谷教子《くまがいのりこ》さんは、

「震災から二年八カ月たち（取材当時）、ボランティアの数も減ってくるなどして、手芸品の店頭販売には限界を感じています。パンフレットを作って、遠方から注文をいただくこともあります。ただし、消耗品ではないため、なかなか継続的な利用にはつながっていないのが実情です」と話した。

被災地交流ツアーに参加していた組合員や職員は、さまざまな質問や意見、アイデアを被災地の人たちに投げ掛けるなどしながら、交流していった。

そんな中で、配達を担当しているコープあいち職員は、

「私は業務の中で、組合員にサービス改善に関するメッセージをお願いすることがあります。手芸品にも、そのようなメッセージカードを入れてみてはいかがでしょうか。ビジネス的な商品改善などの側面もありますが、メッセージをもらうことでやりがいにもつながると思います」という意見を述べた。

それを受けて熊谷さんは、

「こちらからのメッセージや情報を発信するという試みは、パッケージなどを使ってやっていましたが、お客さんからメッセージをいただく発想はありませんでした。即実行していきたいです」と答えた。

いわて生協の大船渡小学校（学区）こ～ぷ委員会リーダーの廣野《ひろの》稲子《いねこ》さんにも、二〇一三年一〇月の被災地交流ツアーでお話を伺った。

いわて生協では、手芸品のカタログを独自に作って組合員に配布するなど、沿岸部の仮設住宅の方の手芸品を販売支援する取り組みを行っている。実際に組合員の手芸グループ

「願いのハ～モニ～」を運営している廣野さんは、手芸品作りの現状を教えてくれた。

「手芸品を持続して売っていくためには、クオリティがとても重要になるため、誰でもというわけにもいきません。上手な人に依頼が集中してしまうのが現状です。現在は、全体の収支ではなんとか黒字にはなっています。しかし、より多くの人に作ってもらえる仕組みや、それを購入してくれる市場をつくっていかないといけません」と、現在の悩みを話す。

気仙地域では生きがいづくりや、地域の人とのコミュニケーション、あるいはボランティアへのお礼（販売を目的としない）として、多くの人が手芸品を作っている。

もともと生協という組織は、組合員のさまざまな意見を取り入れながら、ほかにはないプライベート商品を作ってきた歴史がある。手芸品を、できるだけ多くの人に喜んでもらえるより良い商品にしようという試みは、生協という組織の特徴を生かした取り組みともいえるかもしれない。

コープあいちでは、「みんなの家」「ＮＰＯ法人夢ネット大船渡」「いわて生協」の三つの団体を通じて、商品を買い上げ、コープあいちの店舗のイベントなどで販売してきた。さらに、独自の手芸品カタログを作って、宅配を利用している組合員に配布しようと検討されている。現在の課題を解消し、制作者側にとって負担にならず、継続して支援が続けられる支援の仕組みをつくることが求められている。

4章

人々の心をつなげるお祭りの支援

地域コミュニティーを存続させるために

被災地の地域コミュニティーが直面する問題の一つに、お祭りの存続がある。これまでコープあいちでは、被災地交流ツアーの活動の一つとして、「お祭りの支援」に取り組んできた。この章ではその取り組みに絞って取り上げるとともに、その意味について考えていきたい。

気仙《けせん》地域では毎年、お盆の時期に伝統的な七夕まつりが行われる。お祭りのスタイルは、それぞれの場所によって変わるが、その準備には大変な手間と時間がかかる。その作業の中で、地域コミュニティーのつながりが維持されてきたのだ。

たとえば、七夕山車の飾りつけ、祭囃子《まつりばやし》の太鼓や笛の練習などに、何カ月も前から取り組まなければならない。その中には、絵が上手《うま》い人、手先が器用な人、太鼓や笛の演奏に長《た》けた人など、それぞれの人に役割があり、実はその準備の中にこそ、地域のつながりを深める大きな力がある。

しかし、津波によって街が流されてしまった陸前高田《りくぜんたかた》市や大船渡《おおふなと》市では、お祭りの存続が難しくなってしまった。とりわけ陸前高田は、街が破壊し尽くされ、住んでいた地域ごとではなく、弱者が優先的に仮設入居が進められた。そのため、被災住民はバラバラの仮設住宅に入居することとなった。地域コミュニティーが持続できなければ、街が復興を遂げたとしても、そこに暮らす人々がいなくなってしまう。お祭りを実施することは、地域を存続させるうえでも、復興に向けて人々の心を結束させるうえでも、非常に重要な取り組みとなっている。

近年、特に都市部などでは、人と人とのつながりが希薄になり、地域コミュニティーの結びつきが失われつつあることが大きな問題となっている。気仙地域のコミュニティーを持続・再生していく取り組みは、人と人とが支え合う関係をどう創《つく》り出していくかという共通の学びが含まれている。

陸前高田「うごく七夕まつり」への支援

毎年八月七日に開催される陸前高田市の「うごく七夕まつり」は、江戸時代からの歴史を持つ伝統的なお祭り。七夕の装飾を施した山車に、笛や和太鼓の囃子組を乗せ、綱を引っ張って町内を練り歩く。「うごく七夕まつり」という名前は、山車が動き回ることに由来している。

このお祭りは鎮魂の意味合いが強い地元のお祭りであるため、観光客を誘致するために土日に行うことはせず、曜日にかかわらず毎年八月七日に実施されている。お祭りの時期になると、帰省する若者が多く、「うごく七夕まつり」は陸前高田の人々にとって、地域の絆を強める一大イベントとなっている。これまで、一二の町会の装飾された山車が街を練り歩き、美しさや勇壮さを競い合ってきた。また、娯楽の少ない東北の沿岸部では、特に夏祭りが盛大に執り行われ、子どもたちはもとより、住民たちの楽しみとなっている。

「うごく七夕まつり」は、祭りが開催される何カ月も前から山車の飾りを分担して作ったり、笛や太鼓の練習をしたり、地域コミュニティーの結束の中で運営されてきた。

山車を造るには、多くの工程がある。アザフという紙を染め、五枚を重ねて二つ折りにする（アザフ折り）。それを、一枚一枚広げて花を作っていく（花作り）。さらに、長さ二メートル五〇センチの竹ひごに、紙テープでアザフを巻きつける（みす巻き）。山車には、アザフで彩られた二四〇〇本近い竹ひごが取りつけられ、灯籠《とうろう》などで美しく飾られる。毎年アザフは新調されるため、祭組の中の人々が分担して、二カ月前から造るのだ。

うごく七夕まつり全体の実行委員会会長（二〇一二年度）である福田《ふくだ》利喜《とし き》さんは、震災直後のお祭り開催について、次のように話してくれた。

「津波により山車の多くは流失し、残ったのは三台のみ。お祭りを担っていた中心メンバーの多くが亡くなってしまいました。お祭りを実施するべきかどうか、賛否両論ありました。しかし、『子どもたちに夢を与えられず、つらい思いだけをさせるなんてことはしたくない』。そんな思いからお祭りを決行することになりました」

震災があった年の二〇一一（平成二十三）年八月七日、津波にすべてをさらわれ、廃墟と化した街で、お祭りは決行された。うごく七夕まつりは本来、一二台の山車が街の中を練り行く、大変華やかなお祭りである。が、この年は三台の山車を造り上げるのがやっとだった。

どこまでも広がる真っ暗闇の中におぼろげな灯《ひ》だけがともり、この世に生かされた人々は、力いっぱい山車を引っ張っていった。七夕まつりの太鼓の音は心に直接響き、祭囃子《まつりばやし》の切ない笛の音《ね》は心の奥底から悲しみを誘い出す。七夕山車を引っ張る人々は、震災で亡くなった仲間のことが自然と思い浮かび、止めどなく涙があふれたという。

翌年の二〇一二（平成二十四）年、コープあいちでは七月二一日から二三日、八月三日から六日、八月五日から八日の三班体制で、合計四一人の参加で、陸前高田の「うごく七夕まつり」の支援を行った。

支援の内容は、アザフ折りなどの山車の製作の支援、山車の引き手、会場のテント設営、出店や炊き出し、そして、特別養護老人ホーム・高寿園《こうじゅえん》の夏まつりの櫓《やぐら》の設営など、さまざまな面からのサポートを実施した。

今回は夏休みということと、後半をバスツアーとしたことなどで参加費を安く抑えたためか、組合員の子どもの中学生、高校生、大学生など、若者たちも多く参加した。

八月七日の朝、荒町《あらまち》祭組では、合同慰霊祭を執り行った。洞《ほら》の沢《さわ》の地区長で、荒町祭組の会長でもある金野彰《こんのあきら》さんは、コープあいちも参加してほしい、という要請を出した。もともと「うごく七夕まつり」は、その年初めてお盆を迎える方の新盆《にいぼん》を八月七日とし、その霊の鎮魂のために発祥したといわれる。その原点を大切にし、参加者たちは焼香をし、津波で亡くなった人々の冥福を祈った。

金野さんは、合同慰霊祭で次のような挨拶《あいさつ》を述べた。

「祭囃子に乗って、亡くなった人々の思い出がよみがえり、思わず涙がこぼれます。かつて町内のみんなが集まった頃の活気はなく、街並みも面影すらなくなっています。しかし、こうして七夕まつりのために、そして、元の街を取り戻すために、多くの人が集まってくれました。私たちは大丈夫、決してへこたれません」

本来の山車は、その山車の上に太鼓や笛を載せて祭囃子を演奏する大変華やかなものだ。

しかし、製作には多大な手間暇がかかるため、荒町祭組は今年はミニ山車での参加となった。

人々が引っ張るミニ山車の後から、祭囃子が歩いて付いていく。太鼓を叩《たた》くのは大人が中心だが、笛を吹くのは小・中学生などの子どもたちが中心となる。金野彰さんは「できれば来年は大きな山車を造り、その上で太鼓や笛の祭囃子をやらせてあげたい」と語る。

しかし、山車の規模が大きくなれば、飾りつけの量は三〜四倍になる。荒町は一四〇戸あった家の多くが流され、現在は一五戸のみ。多くの住民が亡くなり、生き残った人たちもばらばらになってしまった。作業人員が圧倒的に足りないなか、地元の力だけで元のようなお祭りの開催が難しいことは、誰の目にも明らかだった。

祭囃子が鳴り響き、「ヨイヤサー　ヨイヤサー」という威勢のよい掛け声とともに山車が引っ張られていく。二〇一二年は、前年から比べると、心持ち晴れやかな表情で山車を引っ張っていく人々の様子が印象的だった。お昼になると、住民と一緒に山車を引いた組合員と荒町祭組の方たちは、コープあいちが用意した炊き出しのカレーを食べて、再び山車へと戻っていった。

荒町祭組では毎年、特別養護老人ホーム「高寿園」で、祭りに来ることができない高齢者のために、山車を運んで披露している。高寿園は震災直後、市内で二番目に大きな避難所となった場所でもある。

荒町祭組は、高台にある施設まで長い上り坂を山車を引っ張って、懸命に運んでいった。高寿園に到着すると、お年寄りの方々の歓迎を受け、祭囃子と盆踊りを披露し、お祭りの気分を味わってもらった。

陸前高田市の「うごく七夕まつり」は、日が暮れるとさまざまな電飾が取りつけられ、山車の装いも新たになる。かつては山車の壮麗さや伝統に則っているかどうか、祭囃子の出来栄えなど、いくつかの基準で一二の祭組でコンテストも行われてきた。色鮮やかな七夕山車や勇壮な七夕囃子に、会場に来た多くの人々が魅了されていた。

「うごく七夕まつり」は、例年駅前に荒町祭組をはじめとする一二の地域すべての山車が集結していたが、今は集まれる場所がなくなってしまった。そのため、ガラスやコンクリートなどが飛散している場所を、急きょ整地し、全体会場が造られた。

全体会場では、大阪いずみ市民生協の職員・組合員が、焼きそばとフランクフルトの店を出店。さらに、大阪いずみ市民生協はコープあいちの紹介で、人手不足に悩んでいた川原《かわはら》祭組の炊き出しも手伝った。大阪いずみ市民生協の一五人の参加者は、手分けをしながら素晴らしいチームワークで出店や炊き出しを切り盛りしていた。お昼には、山車を引っ張って戻ってきた川原祭組の方々にパキスタン風カレーを作って提供。川原祭組の人々

電飾が取りつけられた「うごく七夕まつり」の山車。(2014年8月、撮影：山田省蔵)

高寿園で山車や祭囃子を披露した。

から大阪いずみ市民生協は大いに感謝され、新たなつながりがここに生まれた。

お祭りの後で、コープあいちの組合員や職員は荒町祭組の方たちとお酒を酌み交わし、夕食を共にした。そこでの交流を通して、陸前高田の方々のお祭りにかける熱い思いを知ることとなった。


荒町祭組実行委員会では、二〇一三（平成二十五）年もコープあいちに協力を要請した。

陸前高田市の景色は、この年、大きく様変わりしていた。前年までは、かつての陸前高田市の街並みを思い起こさせる、市役所や体育館などの建物がいくつか残っていた。

しかし、ほとんどの建物は壊され、かさ上げの作業が急ピッチで進んでいた。ほぼ更地のような状態になり、かつての面影はしのぶべくもない。復興が進んでいくことは望ましいことだが、その過程でかつてあったものが完全に消えうせていく様子を見ることは、何とも寂しい心地がする。長い間、その土地で生活していた人であればなおのことだ。

この年、日本財団の助成金支援で元の大きさの山車を復活させることができ、荒町祭組はお祭りの朝に山車の運行の安全祈願祭を行った。その場で、コープあいちの組合員の代表として、田中和範《たなかかずのり》さんが「献花」の大役を務めた。

二〇一二（平成二十四）年のうごく七夕まつりから新たな一年を重ね、再び、荒町祭組会長の金野さんは、次のような挨拶《あいさつ》を述べた。

「忌まわしい震災から二年以上の月日が流れました。津波で亡くなった方々の想いを背中に背負いながら、山車の製作に取り組んできました。今年はさまざまな支援を受けて、ようやく元の大きさの山車を造ることができました。昨年の倍以上の手間暇がかかりましたが、仕事をやりくりしたり、七十代、八十代の方々も献身的に取り組んでくれました。さまざまな人のつながりで、今年も実現することができました。まだ、復興の先行きは見えません。祭りが終われば、ここは何もない更地が広がるだけの場所に戻ります。しかし、今日はこの街に一時、七夕の花を咲かせ、心ゆくまで楽しみましょう」

午前中、コープあいちの組合員は、住民と共に荒町の山車を引っ張り、何もなくなった更地の街を練り歩いた。建物のない荒野に、一二台の山車が練り行く。二年以上を経過してようやく、すべての山車がそろった。しかし、翌年以降、この七夕まつりがどうなるかは、わからなかった。

お昼には、現地婦人会が作ったカレーライスをいただいた。ボランティアで参加していた大学生たちが、生き生きとカレーを配る姿が印象的だった。

午後からは、高寿園に向けて、ミニ山車が出発した。この年は山車が大きくなるため、ミニ山車まで造る余裕はないという意見もあるなか、やっぱり高寿園のお年寄りに「うごく七夕まつり」を見せたいという思いから、みんなが一致団結して製作に取り組んだものだ。

真夏の太陽が降り注ぐなか、ミニ山車を引っ張って、荒町祭組の一行は高寿園に向かって歩みを進めていく。

その様子を、高寿園で栄養士を務める菅原由紀枝《すがわらゆきえ》さんは眺めていた。高寿園が避難所となった時、調理場の指揮を執り、命をつなぐ食を提供し続けた菅原さんは、こんなことを話してくれた。

「実は、私も荒町の出身です。荒町は、陸前高田の中でも、特にお祭りにお金をかけて、新しいことに取り組んできた町でした。昨年は、ミニ山車のみでの参加となり、みんな悔しい思いを抱いていたと思いますが、今年は本来の大きさに戻すことができ、みんな喜んでいると思います。若い後継者を失ってしまった中で、お祭りの準備をすることは本当に大変だったでしょう。コープあいちの皆さんの支援がなければ、ここまでのことはできていないと思います」

この年も高寿園では、荒町祭組によるお囃子と盆踊りが披露された。夏の暑い盛りでありながらも、その場にいた誰もが皆、疲れを感じさせない、清々《すがすが》しい表情をしていた。

大船渡市盛町の「灯ろう七夕まつり」

二〇一一（平成二十三）年八月六日と七日、陸前高田市の隣の大船渡市盛《さかり》町でも、「灯ろう七夕まつり」が行われた。祭りの起源は、詳細にはわかっていないが、明治末期には、現在の行灯《あんどん》型の原型が現れていたという。その後、さらに工夫が施され、さまざまな絵が描かれた美しい現在の灯ろう七夕山車が完成した。幻想的な七夕山車が、道中踊りと共に、町の中を進む伝統的なお祭りだ。

灯ろう七夕まつりは、津波によって二台の山車が壊れ、開催が危ぶまれたが、全国のさまざまな支援団体のバックアップにより、九台で開催にこぎ着けることができた。また、くす玉や吹き流しなどの七夕飾り五〇個が、愛知県の安城《あんじょう》七夕まつり協賛会から贈られている。

大船渡市盛町のお祭りは、地元ＮＰＯやＮＰＯ愛知ネットなどからなる気仙市民復興連絡会のつながりから、愛知県との結びつきもできていた。

さらに、震災の年は偶然開催日が同じになった愛知県安城市の「安城七夕まつり」との共催で実施され、安城市を含む愛知県から約二〇〇人のボランティアが参加。愛知ネットを中心に、トヨタグループ、淑徳《しゅくとく》大学の学生や高校生ボランティアの支援もあり、盛大に催された。コープあいちからも一二人の役職員が参加し、盛町青年会議所のメンバーと協力して、「鰻《うなぎ》のひつまぶし」と「焼き鳥」の食材を提供・調理し、お茶っこひろばの運営に一役買った。

灯ろう山車には、それぞれ復興への決意や願いが託されている。山車の中のひとつには「大好きな海よ！　私達の心は壊れちゃいない!!」と記されていた。津波によって街が破壊されても、海を憎むことなく、海と共に生きていく、大船渡の人々の心意気が感じ取れる。

盛町のこのお祭りは、地元商工業者たちが地区ごとの住民と協力し、町に伝わるお祭りを支えてきた。大震災に見舞われた東北沿岸部を支援する愛知県の多くの団体が、気仙地域伝統の七夕祭りに結集することになった。

翌二〇一二（平成二十四）年四月八日、大船渡市の桜の名所でもある天神山《てんじんやま》公園で、盛青年商工会が参道沿いに約二〇〇個のぼんぼりを設置した。電球購入費などは、盛町灯ろう七夕まつりでの収益金を充てた。そして、お祭りへの食材を提供し、共に汗を流し、調理・販売を行ったことへの感謝を込めて、ぼんぼりの一つひとつに「コープあいち」の名入れがされたのだ。花見にやって来た人々は、美しい桜の花と共に、コープあいちの名前を目にすることとなった。盛青年商工会の粋な計らいと義理堅さには、頭が下がるばかりだ。

二〇一二年の灯ろう七夕まつりも、全国からの多くの支援を受けて山車の一台が復旧し、一〇台となって開催された。愛知県安城《あんじょう》市の安城七夕まつりは例年八月上旬の週末に開催されるため、この年は、例年八月六日・七日に開催される盛町の七夕祭りとは重ならずに開催できることとなった。

そして、七夕まつりの支援のお返しにと、盛町灯ろう七夕まつりの山車が、八月四日に安城七夕まつりの会場に登場した。大船渡から訪れた四〇人のボランティアが二台の山車を「ヨーイ、ヨイ！」と声を掛けながら引き回した。

「大船渡市盛町と安城市の二つの七夕まつりがつながりました。安城の商店街を、大船渡の人々が山車を引っ張っている様子を見たときには、思わず涙がこぼれました」と、安城七夕まつり協賛会の小島祥次《こじましょうじ》さんは話す。

安城市に登場した二台の山車は、五日朝に解体され安城を出発し、六〜七日の大船渡の七夕まつりに間に合うように帰った。

灯ろう七夕まつりでも、明るいうちは大船渡音頭などの道中踊《どうちゅうおどり》が長い列を成して、盛町の商店街を往復する。暗くなると、淡いろうそくの火に照らし出された、幻想的な灯ろう七夕が商店街を引き回された。

二〇一三年の灯ろう七夕まつりは、あいにくの天気で、初日は山車の運行を中止したが、二日目は商店街を山車が行き来した。

大船渡市のスーパー「サン・リア・ショッピングセンター」で、コープあいち組合員は、愛知県安城市の安城七夕まつり協賛会のメンバーと合流し、「願いごとふうせん」のお手伝いをした。

「願いごとふうせん」は、愛知県安城市の七夕まつりで行われている恒例のイベントで、風船に願いを書いて空に飛ばすというもの。二〇一一年の灯ろう七夕まつりで初めて実施され、二〇一二年は実施されなかったが、翌年、復活することになった。安城から駆けつけた学生ボランティアと共に、道行く人に声を掛けて、風船に願いを書き込んでもらった。天候はあいにくの雨だったが、「願いごとふうせん」を飛ばす一八時に雨はやみ、たくさんの願いを乗せた色とりどりの風船が大空に舞った。その直後、空には虹がかかり、彩りに花を添えた。

このように、コープあいちは震災後二年目・三年目ともに、同日開催の陸前高田市のうごく七夕まつりと、メンバーを分けてお祭りを手伝った。販売ブースでは、地元の団体のまごころ雑巾や椿ストラップなど、手芸品の販売を組合員が手伝った。また、盛町の通りでは、二年続けてジャンボ焼き鳥七〇〇本とみたらし団子五〇〇〇本を売り出し、完売した。

高田っ子の誇り「全国太鼓フェスティバル」

気仙地域でのお祭りといえば、もうひとつ外せないものがある。それは、陸前高田の「全国太鼓フェスティバル」だ。このイベントは、一九八九（平成元）年から、毎年一〇月の第三日曜日に開催されている〝太鼓の甲子園〟とも呼ばれるイベントだ。このお祭りは、地元でも多くの人がこの日を楽しみにし、チケットを入手するのは〝市長でも難しく〟、何日も前から並ぶ人もいるほど。陸前高田市は太鼓のメッカと呼ばれ、その地で開催される全国太鼓フェスティバルは、全国の太鼓の叩き手たちが、一度は参加したいと望む夢の舞台だ。高田っ子の誇りとなっている。

そもそもこのイベントの起源は、陸前高田で、九〇〇年以上の歴史があるとも伝わる気仙町「けんか七夕」にある。山車と山車が激しくぶつかり合う、勇壮なお祭りで、「うごく七夕まつり」と同じ八月七日に開催されている。山車同士がぶつかり合うときに、山車の上では激しく太鼓が打ち鳴らされる。その「けんか七夕太鼓」を活用して、地域おこしができないかと考えた末に、「全国太鼓フェスティバル」というイベントが企画されたという経緯がある。これは余談になるが、気仙町のけんか七夕は、二〇一三年に公開された映画「先祖になる」でも取り上げられている。

全国太鼓フェスティバルは、二〇一一年は津波の影響によって、陸前高田市での開催が難しいことから、日本青年会議所の全国大会に合わせ、愛知県名古屋市で開催された。二〇一二年は、二年ぶりの地元開催となり、前売り券七〇〇枚は、あっという間に完売となったという。

全国太鼓フェスティバル実行委員会の会長・及川修一《おいかわしゅういち》さんは、

「実行委員や太鼓の演者の多くが、津波の犠牲になってしまいました。正直、技術的に満足のいくパフォーマンスを披露できていないのが現状です。フェスティバルの期間、大通りには大のぼり旗がずらりと並びましたが、それらも全て流されて、以前の活気はありません。しかし、今はどんなにみっともなくても、とにかく続けていく。そして、次の世代につなげていくことを考えています」と話してくれた。

二〇一二（平成二十四）年一〇月二一日、陸前高田市立第一中学校で開催されたフェスティバルには、陸前高田の「氷上太鼓《ひかみだいこ》」や「気仙町けんか七夕太鼓」、大船渡の「長安寺《ちょうあんじ》太鼓《だいこ》・寺町一座《てらまちいちざ》」を含む九団体が参加。また、前年開催した愛知県でのイベントに登場した和太鼓集団「志多ら《したら》」がオープニングでゲスト参加し、それを仲介したコープあいちも震災後地元で初開催となった「全国太鼓フェスティバル」を鑑賞する栄誉に与《あずか》った。

全国太鼓フェスティバルのポスターには、「いのちは、鼓動からはじまる」というキャッチフレーズが付けられている。このイベントが、復興の鼓動として陸前高田市の人々を奮い立たせている。

地域コミュニティーの重要性を被災地に学ぶ

もともと気仙地域は、人と人のつながりが強く、その中で社会が回ってきた。そのつながりがなくなってしまえば、街の形だけ再生しても、真の復興は難しくなってしまう。コープあいちは、気仙地域の人々との信頼関係を築き、復興への道のりの伴走をしている。もともとは何のつながりもなかった、九〇〇キロ離れた気仙地域の人々との間に生まれた信頼関係から、地域のお祭りに参加することができるようなった。地元の愛知県でも築かなければいけない地域の信頼の形を、気仙地域の人々との交流の中で、教えてもらっているのかもしれない。

もともと生協は、さまざまな社会の問題の中で、個々の組合員の想いや願いが、ひとつにまとまる力となって発展してきた組織だ。被災地という問題が山積みになった場所での取り組みの中で、生協の本来あるべき姿を想い出させてくれるのは、生協の成り立ちから考えれば、ごく自然なことなのかもしれない。

この大きな被災地での気づきをもとにして、愛知県の中で地域コミュニティーの協同や相互扶助の再生を実現していくことが、大きな課題となっている。

II部

愛知県における広域避難者サポート

5章 一人ひとりに寄りそった支援を

全国で六万人いる広域避難者

二〇一一（平成二十三）年三月一一日以降、東日本大震災と、それに伴う東京電力福島第一原発事故による影響で、多くの人が被災県などから、全国のさまざまな都道府県へと避難した。二〇一四（平成二十六）年一〇月現在の復興庁のまとめによると、全国の避難者数は二四万人、そのうち被災三県といわれる岩手県、宮城県、福島県の避難者は一八万人。単純に計算すると、およそ六万人が広域避難者（県外で生活する避難者）であると推定できる。

避難の理由はさまざまだが、その中で特に多いのが福島第一原発による放射性汚染の影響を避ける目的の人や、津波などによって住む場所を失った人々だ。放射線の問題にいたっては、福島県やその近隣の人々だけでなく、関東からも避難した人が多くいる。

福島第一原発による直接の汚染の心配がなかった愛知県には、多くの広域避難者がやって来た。二〇一四年一〇月現在、約一二〇〇人の広域避難者が愛知県内で生活している。

しかし、震災当初は、その数すらはっきりとつかむことができないというのが実情だった。

全国的に、広域避難者への支援は後回しになる傾向があった。しかし、愛知県では震災直後の四月八日から、「受入被災者登録制度」を開始し、東日本大震災で被災された方や原子力発電所の影響で避難を余儀なくされた方々の情報を把握し、支援が必要な方に適切なサポートを開始した。ほかの自治体でも、広域避難者の受け入れが表明される。四月一二日には、総務省全国避難者情報システムの運用が始まった。これは避難先住所を任意で提供してもらい、避難元の県や市町から、避難者に情報提供を行うための取り組みだ。

避難者とのつなぎ役となるコープあいち

二〇一一年四月中旬、ある企業より愛知県に一〇〇〇人分の布団を寄付したいという打診があった。この布団を、市町村を通して県内に転入された広域避難者に提供できるかどうか、布団を取りにこられない方、持ち帰れない方に、どのように布団を届けるかが問題となっていた。

これまで体験したことのない広域にわたる被害をもたらした東日本大震災に対応すべく、愛知県で新たに誕生した「あいち・なごや東日本大震災ボランティア連絡会」。被災地の人々への支援のために、分野や組織を超えて多くの団体が結びついた。この連絡会に、コープあいちもオブザーバーとして参加したことは2章で記した。

連絡会のつながりで知り合った瀧川裕康《たきかわひろやす》さんと名古屋市の担当者から「広域避難者には生活物資三一品が提供される。それに布団も加えるかどうか検討しているが、その運搬方法に苦慮している」ことを聞き、コープあいち参与の向井忍さんは、

「コープあいちには商品を届ける車両があり、愛知県全域にネットワークがあるので、広域避難者の方々へ布団を運ぶことができます」と述べた。

布団の大きさや形態なども分からないし、どんな地域にどれだけの量を配る必要があるのかも、その時点では全く分からなかった。しかし、さまざまな地域に点在している広域避難者に、直接会って商品を届ける支援は、生協のネットワークを利用する以外にはないのではないか、という強い思いが向井さんにはあった。

かくして、広域避難者で布団を受け取りにこられない方々への配送を、当該市町村からの要請によりコープあいちが引き受けることになった。広域避難者への配達責任者に任命されたのが、コープあいち・共同購入支援グループ・課長の伊藤一郎《いとういちろう》さん。

「この時は、広域避難者の方のリストもありません。お一人ずつ電話をして、状況を確認することから始まりました。最初に布団をお届けすることになったのは、名古屋市の一

八世帯と安城市《あんじょう》の四世帯。ゴールデンウイークに入ると不在が多くなる可能性があるため、急遽《きゅうきょ》その前に終わらせようということになったんです」

まずは、様子を聴かないとわからないと思った伊藤さんは、広域避難者の方に電話をした。

「中には、多くを語られない方もいましたが、現在抱えている不安を話してくださる方もいらっしゃいました。一週間、人と話していないという高齢の男性は、津波の恐怖から、水が怖くて今もお風呂に入らないとおっしゃっていました。妊娠しながら愛知に避難して、こちらで出産された女性は、夫が原発近くでまだ働いており、放射線への不安な気持ちを話してくれました。

広域避難者への物資の提供は、ただ物を届けるだけの仕事ではない。広域避難者の方々の声から、伊藤さんはそう痛感した。

広域避難者の方が置かれている立場に配慮しながら、現在、どのような心境にあり、どんな支援を必要としているのかを聴き取ることが求められる。普段から生協の組合員と接している、コミュニケーション力のある生協の配送担当者にはうってつけの仕事といえる。

伊藤さんは、できるかぎり訪問のシフトをゆったりとしたものにして、しっかりとお話の聴き取りができるよう心掛けた。

布団配布の人員配置をコープあいちの各センターに呼びかけるとともに、本部のスタッフも加わり、配達の体制をつくっていった。ゴールデンウイーク前の土曜日の朝、名古屋市名東区《めいとう》にあるコープあいち本部横の宅配センターには、コープあいち職員だけでなく、ボランティアセンターなごやのボランティアも集まった。

広域避難者の方にお会いする際、布団の配布にかかわったコープあいち職員は皆、大変神経を使ったという。避難された方の気持ちを察しながら、ゆっくり会話することを心掛け、お話しされる声に耳を傾けていった。そして、ほかにも欲しい物資はないかを、一人ひとり確認していった。

また、ボランティアの人たちは、地元の生活環境についての質問にも答えながら、避難者同士で話し合ったり、地元の人と触れ合ったりできる「ふるさと交流会」への参加を呼びかけた。そして五月一五日、初めてのふるさと交流会は、名古屋市千種区《ちくさ》にあるコープあいち・生協生活文化会館を会場に開かれている。

五月には、地元家電企業から提供された冷蔵庫、炊飯器、扇風機、照明のお届けもコープあいちに依頼があり、これには愛知県の職員も同行して直接広域避難者の声も聴いた。七月・八月には扇風機、一一月・一二月にはカーペット・ファンヒーター・石油ストーブ・こたつなどの暖房器具、また、ＮＰＯレスキュー・ストック・ヤードが提供する〝うるうるセット〟（靴、文房具、化粧品など）を、希望する世帯に配達した。伊藤さんは、

「愛知県内で、このように広域避難者の方々と直接お会いして、話ができた団体はほかにはありませんでした。被災地に直接支援に行かずとも、このような形で避難者の支援ができたことは、職員にとっても大きな誇りとなりました」と振り返る。

コープあいち職員による聴き取りを通して、広域避難者の方の中には、愛知県での生活に大きな不安を抱えている方がいることがわかってきた。

刈谷《かりや》市の市営住宅に住む方は、

「昼間はいいのですが、夜になって静かになったときが怖いんです。福島では、家の窓から景色が見え、風がざわめく音が聞こえました。今住んでいるマンションは閉鎖された空間で、夜になると冷たい静寂が訪れます」と語った。広域避難者の方の抱える問題は、一人ひとり異なる。物資による支援だけでなく、精神的な支えやケアの必要性も見えてきた。

「愛知県被災者支援センター」の設立

愛知県では受け入れた広域避難者には、当初から最小限の生活品目や、住まいとして公

営住宅などを提供した。しかし、入居情報はプライバシーの問題などから公開されなかった。そんな中で、ボランティア団体などによる避難者への支援活動や、企業などから自治体へ寄贈された生活物資の配達を、どのように行っていくかが大きな問題となっていた。

このような中で、「愛知県被災者支援センター」は二〇一一年六月一三日に、「新しい公共」事業費を活用して、愛知県がＮＰＯに委託する形で発足した。これまで、さまざまなボランティア団体は、愛知県内に避難してきた被災者の情報が得られない中で活動してきた。しかし、愛知県被災者支援センターが設立されたことで、同センターを通して登録世帯へ情報を届けることが可能になった。コープあいちも愛知県社会福祉協議会などと共に運営協力団体となり、コープあいち参与の向井忍さんも非常勤スタッフとして、活動に参加することとなった。

愛知県被災者支援センターの活動は、主に次の四つ。「一、定期便の発送」「二、生活物資のマッチング」「三、交流会の案内」「四、支援制度の紹介」だ。それぞれの取り組みについて、ここでは簡単に説明したい。

「一、定期便の発送」では、被災者登録した全世帯に、月二回、支援情報を定期便で発送している。広域避難者の方々は、もと住んでいた地域の情報が入りづらいという問題がある。そこで、各県の名古屋事務所と名古屋工業大学の学生ボランティアグループ、豊橋《とよはし》市の工業高校の教師である山方元《やまがたはじめ》さんをリーダーとしたボランティア五人などの手を借りて、中日・読売・朝日・毎日・日経など全国紙とブロック紙、そして、岩手県・宮城県・福島県それぞれの地元新聞の切り抜き情報（著作権許諾のあったもの）を作成し、それぞれの方の地元の情報も送っている。さらに、各種団体が行うイベントや支援物資の情報なども、この定期便の中に含まれている。また、情報誌『あおぞら』も独自に発行している。交流会を通して、広域避難者自らが『あおぞら』の編集委員として加わるなど、新たな動きも出てきているという。

ただし、この定期便が配送されるのは、あくまで広域避難者として登録されている世帯だけ。受入被災者登録制度を知らない人や、自分たちは被災者ではないと考え、登録しない方には届かない。また、一時的に愛知県で暮らしても、他県に移動したり、避難前に住んでいた県に戻ったりという方もいる。そのような方とも、同センターではできるだけ関係を持ち続けるようにしている。

「二、生活物資のマッチング」では、愛知県内で集まった支援物資を、避難者の要望を受けて配布するという試みだ。七月には、炊飯器二八台、扇風機八七台などの電化製品を、冬場の一一月・一二月には暖房器具を配布してきた。その際、愛知県被災者支援センターから広域避難者に問い合わせをし、どんな暖房器具がいいかの希望を取り、カーペット、ファンヒーター、石油ストーブ、こたつなど必要な暖房器具をそろえるための支援協力を並行して呼びかけ、全世帯にほぼ希望通り配分していった。そして、その内容通りに、コープあいちが配達をしていった。

また、お米の全戸配達では、その活動を通して得られる広域避難者の貴重な声を、「愛知県被災者支援センター」を通して、市町村とも共有している。

「三、交流会の案内」は、広域避難者の方々がほかの広域避難者や地域の人々とのつながりをつくるための活動だ。二〇一一(平成二十三)年六月から愛知県各地で行われた交流会は、二〇一四年三月までに、二〇一一年度で二八回(一〇〇三人)、二〇一二(平成二十四)年度で五六回(一五六〇人)、二〇一三(平成二十五)年度で六〇回(一六七二人)になる。しかし、リピーターの数も多いため、実際に参加しているのは、愛知県内の広域避難者全体の約五割程度と推計されている。

このような愛知県被災者支援センターが案内する交流会をきっかけにして、友人となって個人的に交流したり、広域避難者だけで独自に交流会を開いたりするなどのケースも増えている。

「四、支援情報の紹介」は、大震災や津波などの自然災害、また、原発事故による損害の補償に関する国や地方自治体、民間専門団体などの制度を、避難者が活用できるよう伝える重要な役割だ。定期便で制度の一覧を届け、電話相談窓口を紹介し、また、弁護士会や司法書士会とも協力して、支援制度説明会を開催し、必要な場合には避難者宅への訪問も行う。コープあいち「くらしの相談室」も、電話相談や相談会場として案内された。

広域避難者の元に年二回のペースでお米を届ける

二〇一二年以降は二月と一〇月の年二回、うち一回は、二月に愛知県海部《あま》郡飛島《とびしま》村から各世帯に十キロのお米の提供を受け、もう一回は、一〇月にコープあいち、ＪＡ愛知経済連や募金による購入資金を活用して、各世帯に五キロのお米を広域避難者にお届けした。お米のお届けに当たっては、毎回六〇人前後のコープあいちの職員が参加。新入職員からセンター長、本部職員など、さまざまな人たちがかかわっている。

この取り組みは、愛知県内の広域避難者の実際の居住状況や、現住所を確認する意味合いもあり、その最前線の重要な役割をコープあいちが担った。

お米のお届けおよび連絡が取れた率は、二〇一二年二月が九七パーセント、一〇月が九五パーセント、二〇一三年二月が九四パーセント、一〇月が九五パーセント、二〇一四年二月が九六パーセントとなっている。この推移がそれほど大きく変化していないのは、愛知県の支援体制がしっかりしていることを裏づけているといえるのかもしれない。

二〇一三年一〇月の、四回目となるお米の配布後、次のようなお礼のメッセージが届いた。

先日は家までお米を届けていただきありがとうございます。いただいたお米を見て、新米の季節なんだなあ、と福島での生活を思い出していました。

福島ではこの季節になると、知り合いからたくさんのお米をいただいたり、野菜をいただいたりしていました。いただいたお返しに果物をあげたり、物々交換のようにしていました。

そうやって人と人がつながっていたなあ、と懐かしく思いました。

今ではそういうつながりはなくなってしまいましたが、震災から二年半が経《た》ち、コープさんが今でも気に留めていてくださる心遣いがうれしかったです。

私からは何もお返しができず心苦しいのですが、ありがとうございました。

このメッセージからも、愛知県での生活が長くなればなるほどに、地域での人と人のつながりが求められており、いつまでも見守り、応援しているというメッセージを届けることが、心の支えにつながっていることがわかる。

広域避難者の配達責任者である、コープあいちの伊藤一郎さんは、課題について次のように語ってくれた。

「愛知県では、被災者登録をすれば支援や情報が届き、何とかセーフティーネットは確保できます。しかし、地域とのかかわりまでは、なかなかつくれていないのが現状です。生協のイベントに参加してもらうなどして、避難者の方と地域の方の結びつきをつくり、地域的な支援をしていくことが今後大切になってきます。避難者の中には外国人の方も多くいるなど、一人ひとり抱えている問題が違っており、対応は難しいと思いますが」

伊藤さんのお話を聞いたのは、震災から二年八カ月がたったとき。最初のうちは話をしてくれなかった人が、時間がたつにつれて話をしてくれるようになったり、いずれは故郷に帰ろうとしていた人が愛知に永住することを決めたり、さまざまな変化も見えてきたと、伊藤さんは話してくれた。

広域避難者の方々との接点となっているコープあいちは、山間地や離島も含めて愛知県内のほぼ全域で配達をしているため、そのインフラが整っている。また、食品を扱っている生協は、ＪＡからいつもの納品ルートで飛島村のお米が届くなど、物流の仕組みも整っていた。さらに、幅広い商品を扱っているため、さまざまな種類の商品の取り扱いマニュアルもあり、どんな商品にも臨機応変に対応しながら配達することができた。

震災当初は、さまざまな団体がそれぞれに、広域避難者の方と接触を持とうと直接連絡をしていた。もちろんそこに悪意はなくとも、気持ちが敏感になっている広域避難者の方には、ちょっとした電話の対応などで嫌な思いをし、気持ちが沈んでしまったり、警戒心を持つようになってしまったりするケースがあったようだ。

その点において、愛知県で行われた、被災者支援センターをつくり、広域避難者とのやりとりを集約する体制は、広域避難者の立場に立った仕組みといえる。

そして、その最前線で直接、広域避難者の方々と接するコープあいちの役割は大変重要であり、日々、食品を運んで組合員と接しているコミュニケーションに長《た》けた組織であることも強みとなっている。

大きな被害があった東北地方では、みやぎ生協をはじめとして、生協を利用されている方が比較的多く、知名度があり、「生協」という名前を耳にすると、親しみを感じ、安心してもらえるというメリットもあることがわかった。

何よりも生協は助け合いの組織であるから、その気持ちを持つ職員が支援物資をお届けし、広域避難者の方と接していることは、大変意味深いことだろう。

交流会が各地で開催される

二〇一一年五月に、初めて広域避難者のための交流会が生協生活文化会館で開催されたことは先に述べた。その後も愛知県の各地で、交流会が開催されてきた。交流会はさまざまな団体によって企画されるものや、コープあいちの組合員の活動と連携した取り組みなどがある。いずれにしてもその連絡はすべて、愛知県避難者センターを通して行われる。

二〇一二年には、愛知県豊橋市で「ふるさと交流会in東三河《ひがしみかわ》」が開催された。

参加したコープあいち組合員の田中恵美子《たなかえみこ》さんは、「六月には、サツマイモのつるさしとバーベキューを行い、九世帯二六人（大人一三人、子ども一三人）の広域避難者の方が参加、支援者も六団体二五人に及んでいます。さらに八月には、サツマイモの観察と流しそうめんを行い、秋にはサツマイモの収穫を行っています。広域避難者だけでなく、支援者のほうにも、新たなつながりがたくさん生まれ、とても有意義な交流となっています」

と感想を語ってくれた。

交流会には繰り返し参加する人がいる一方、一度も参加しない人も多くいる。その方たちに、どのようにして参加してもらうか、さらに、交流会を通して避難者の方々が抱えている問題についてお聴きし、それをどのようにして解決していくかが大きな課題となっている。


愛知県に避難した方の中には被災三県以外の方も多く、自分が避難してきたことを隠したまま、新しい生活に不安やストレスを抱え、自分の心の悩みを誰にも打ち明けられない人もいる。そのような方ほど、「被災者交流会は、津波や大震災、原発で大変な被害に遭われた方が参加するもので、自分が参加できる場ではない」と思う傾向にあるようだ。

栃木県那須塩原《なすしおばら》市から愛知県小牧《こまき》市に避難してきた、井川景子《いがわけいこ》さんもそのような一人だ。自分は交流会に参加できる立場ではないと、孤独な気持ちを綴《つづ》った手紙を愛知県被災者支援センターに出したことがつながりを持つきっかけとなった。そして、「自分が参加したいと思える交流会をつくってみては？」という愛知県避難者支援センターの担当者のアドバイスをもとに、自分と同じような境遇の避難者が気軽に来られるように、「ゆるりっと会」という交流会をつくった。避難者と支援者の壁のない、避難者自らが心地よく集まれる場が「ゆるりっと会」だ。

二〇一二年二月に、愛知県小牧市で広域避難者自らが中心となってつくった「第一回ゆるりっと会」が開催され、約五〇人の避難者が集まった。井川さんの発案で、女性を対象にしたハンドマッサージも行われた。着の身着のまま避難し、子どもの世話や生活に追われ、自分のことに手が回らなかったお母さんたちへの心遣いだ。また、託児のボランティアも参加し、子どもたちの面倒を見てもらうことで、自分たちの時間を気兼ねなく過ごすことができた。

さらに、同年五月に開催された「第二回ゆるりっと会」では、男性と女性の交流の場を分けた。家族同士の交流だと話さない人がどうしても出てしまう前回の反省も踏まえてのことだ。これにより、女性と男性それぞれが自分の思いを口にすることができ、より深い交流が行われた。さらに、この場を利用して弁護士による法律相談も実施され、「原発事故損害賠償請求訴訟」などの具体的な行動に結びついた（後出の「ＰＳ支援チーム」の取り組み）。

この「ゆるりっと会」を支えるのはコープあいちだけでなく、同じく愛知県下で活動する一宮《いちのみや》生協、にんじんクラブ、小牧市社会福祉協議会、託児ボランティアのＹＭＣＡなど、約七〇人の支援者たちだ。

「ゆるりっと会」を企画の段階から支えてきたコープあいち・組合員の松浦明美《まつうらあけみ》さんは、「コープあいちとしては『食』で支えようと、第一回にはひつまぶし、第二回には地元の食材を使った炊き込みご飯などを作って提供しました。支援者は、基本的には裏方に徹し、あくまで主役は避難者の方々です」と話してくれた。

広域避難者の方々は、愛知県でさまざまな問題を抱えて暮らしている。その問題を少しでも解決し、前へ進んでいくための交流会が、「いっしょにやりますのつどい」だ。この会を主に運営しているのは、愛知県被災者支援センター・瀧川裕康さん、コープあいち参与・向井忍さん、名古屋大学の研究員・前田《まえだ》洋介《ようすけ》さんの三人。

当初この会は、郡山《こおりやま》市から豊橋市に避難した方から、福島県の中通《なかどお》りからの母子避難者の会をつくりたいという相談から始まった。しかし、話し合いを進めるうちに、どのような避難者家族でも孤独や精神的な不安など悩みは共通していることがわかり、ほかの地域からの避難者も受け入れる形で、避難者と支援者が共に集う「いっしょにやりますのつどい」がスタートした。

豊橋市で三回開催してつかんだ「いっしょにやります」という一体感は良かったが、これを愛知県全域に広げようと名古屋市で開催したことで問題が起きた。いざ、さまざまな地域からの避難者が集まると、それぞれに抱える問題や、現在住んでいる地域の環境が違いすぎて、気持ちの共有ができず、具体的な解決に向かわないという問題も出てきた。

名古屋大学の研究員・前田洋介さんは、

「同じ境遇であり、十人前後という程よい人数であることで、コミュニケーションが取りやすくなります。また同時に、一人ひとりの話をしっかりと聞くことができ、話し合いに結びつく面があるのかなと思います」と述べる。

全地域を対象に開催したことの反省から、「いっしょにやりますのつどい」は、その後、岡崎《おかざき》市、一宮市、瀬戸《せと》市、大府《おおぶ》市と顔の見える地域ごとに開催することに方針転換された。支援者・被災者という構造はなく、問題解決に向けて、さまざまな試行錯誤を繰り返しながら進めていく、実験的な交流会だ。徐々に進化する形で、現在まで継続して取り組まれている。

地域ごとに参加団体は異なるが、多様な関係者が同じテーブルで話し合うのが、「いっしょにやりますのつどい」の特徴だ。避難当事者、ボランティア、地元のＮＰＯ、社協職員、行政職員、弁護士、司法書士、医療生協、地域生協、愛知県被災者支援センターなどが集まり、避難者の抱える問題を解決するために何ができるかを話し合う。

このような開催方法は、名称を変えてその後も継承されている。二〇一三年五月には、

「子ども被災者支援法に声を持ち寄る懇談会」として愛知県下一七カ所で、それぞれに当事者と支援者が参加して開催された。この懇談会に参加した広域避難者は、自分の被災体験を振り返り、さらに、「今抱えている問題」として整理するきっかけにもなった。

この懇談会の参加者が中心になって、広域避難者自身が課題を提示し、支援者や専門家が当事者と共に解決方法を考える研修会として、同年の九月二六日に「東日本大震災・津波・原発事故による県外避難　私たちの抱える問題と支援を考える」が開催された。

一人ひとりの問題を解決する「ＰＳ支援チーム」発足

震災から三カ月が過ぎ、慣れない土地で知り合いも少ない環境での生活が長くなるにつれて、愛知県被災者支援センターで顔と名前がわかる避難者約一〇〇世帯の中から、心身に深刻なストレスを感じているのではと思われる声が、複数届くようになってきた。

支援物資をお届けする際の聴き取りや交流会などで、避難者の方々の声を聴いた情報を集めていくと、年齢層や家族構成は実にさまざま。抱える悩みの種類や内容も、仕事のこと、経済的なこと、健康や精神面のこと、不動産に関すること、子どもに関すること、介護のことなど、多岐に及ぶことがわかった。

「災害によって、避難者の方々が失った生活を取り戻すには、さまざまな問題を解決していかなければなりません。そのためには、一人ひとりに寄りそったサポートが不可欠だと痛感しました」と、コープあいち参与の向井忍さんは話す。

このような問題意識と、すでに広域避難者支援を行っていた弁護士の強い後押しもあって、二〇一一年七月六日、県弁護士会、県司法書士会、法テラス、愛知県被災者支援センターの構成団体であるNPOレスキューストックヤード・愛知県社会福祉協議会・コープあいち・県PT（プロジェクトチーム）で「パーソナルサポート支援チーム（PS支援チーム）」を立ち上げることとなった。その後、県臨床心理士会、名古屋大学社会学研究室、南医療生協、大学生協東海ブロック、外国人への支援を行っている人々なども参加し、より多くの専門家や組織とのつながりが広がっている。

PS支援チームの立ち上げにかかわった、NPO法人レスキューストックヤードの代表理事・栗田《くりた》暢之《のぶゆき》さんは、PS支援チームの可能性について話してくれた。

「常々、避難されてきた方々の切実な思いに触れるたび考えさせられるのは、われわれ一般ボランティアというは、その想いに対してできる範囲が限られているということです。話を聞いたり、そばにいたり、できるのはそれくらい。具体的な問題解決になると、途端に手も足も出なくなります」

そんな状況の中で、ＰＳ支援チームで目指したのは、個々の問題を一つの構造的な問題ととらえ、共通の課題を見つけながら、専門家と連携して地域包括的な支援をしていくことだった。

「日本国民は、歳《とし》を取り一人での生活が難しくなれば、介護保険制度を利用する道があります。しかし、今回の事故を受けて避難された方々で、加害者である東電や国から避難者支援制度の対象として扱われているのは強制避難区域の方々で、いわゆる自主避難と呼ばれる方々には、ほとんどサポートはありません。つまり、国が安全だと言っている地域から『勝手に避難した』と言わんばかりなのです。世の中の多くの問題にはグレーゾーンが存在しますが、では、放射能の影響は本当に「ゼロ」なのでしょうか。この問いには、正確かつ確実に回答できる人は誰もいません。皆さんならどうされますか。ある日突然、得体の知れないものが空から降ってきて、将来がんを発症するリスクがあるかもしれないと言われたら、ましてや子どもへの影響が大きいと知ったとき、親としてどう考えますか。今、避難されている方々は、各々ぎりぎりの判断のもと、それぞれの事情の中で動かざるを得ませんでした。だから、医療、健康、子ども、住居、就職・就業、くらし、賠償など、それぞれの専門家による協力・アドバイスは不可欠なのです」

避難者の方々の訪問活動をすると、あと二〜三カ月でお金がなくなってしまう、そんな深刻な状況に陥っている人々に出会うことがあるという。その時点であれば、何らかの救済が入ることで、人は生活を立て直すことができるかもしれない。

「そこで大事なのは、決して絶望させてはいけないということです。人間誰しも苦しいときは『助けて』と言っていいのです。われわれには何もできなかったとしても、会ってお話を聞いて、大変ですねと共感し、うなずき、その後も見守り続けることです。そして、PS支援チームの専門家とのつながりで、問題解決に向けた支援を模索します」

このような絶望に瀕した方は、一〇〇人に一人かもしれない。しかしその方を発見するためにも、愛知県内に避難する五〇〇世帯をすべて訪問する必要がある。危機に直面していたとしても、多くの人はヘルプを出せず、〝静かに〟絶望してしまう。だからこそ、お米の全戸配布で、すべての避難者と接することに重要な意味があると栗田さんは強調する。

「PS支援チームでは、隔週でPS会議を開催して、避難者の方の情報を共有しています。しかし、その会議への参加は強制ではありません。普段は緩いつながりでありながら、必要とあればいつでも強固につながり合える、そんな〝ふわふわした組織〟がPS支援チームなのです」

愛知県で実現した避難者への支援を一元化する「被災者支援センター」、そして、さらなる問題解決のために立ち上げられたPS支援チーム。このような取り組みが行われているのは、全国でも稀有《けう》な例といえる。

「愛知県で誕生した、避難者の方々を支援するこのような取り組みを、ぜひとも全国に発信したいと考えています。愛知県で形ができているのですから、ほかの都道府県でもできない理由のほうが少ないと思います」と栗田さんは訴えかける。

県・市町村・各種団体との連携

愛知県被災者支援センターは、県からＮＰＯが受託する形で設立された組織。広域避難者に関する情報を市町村と共有することで、市町村による広域避難者支援をサポートする役割もある。そこで、愛知県被災者支援センターの担当者が市町村を訪問し、広域避難者に関する情報を共有する試みが進められた。

向井忍さんが担当したのは、愛知県海部《あま》事務所管内（七市町村）。二〇一二年八月二三日、向井さんは、愛知県海部郡大治《おおはる》町の町役場を訪れた。大治町の総務部総務課消防防災係係長と担当者の二人に、昨年度の愛知県被災者支援センターの実績と二〇一二年度の目標、避難者の方々の状況などを説明した。また、町内に住んでいる避難者の方や、町からの避難者への働きかけの状況などについても、聴き取りを行った。

総務部総務課消防防災係係長は、個人的な見解として「大治町の住民も、いつ災害に見舞われ、被災者になるかわかりません。防災の意味からも、愛知県内でこのようなつながりを持っておくことは、非常に意義があると思います。また、市町村としては活動できないこともあるため、日頃から民間団体などと連携する必要性も感じました」と話した。

災害時には、行政と市民団体間の連携力が問われるが、普段のつながりが薄ければ、いざというときも連携が取れない。今後の不測の事態に備え、このような普段からの関係づくりがとても大事になってくる。また、NPOなどの市民団体、社協、生協なども、自分たちの活動だけで自己完結しやすい傾向がある。各種団体が別々に行動すれば、支援が重複してしまうなど効率が悪く、ややもすると、支援を受ける側も辟易《へきえき》してしまうかもしれない。避難者の側に立った支援をするためにも、各種団体が普段からの情報を共有するなどして連携し、担当者同士が顔でつながる関係を構築しておくことが大切だ。

このような動きの中で、実際に市町村との連携も生まれてきた。

二〇一四年四月一二日に、東海《とうかい》市で開催された「気軽にお茶のみ交流会」は、津波で愛知県に避難された方による交流会だが、この準備会も、中心になった避難当事者が住む東海市の職員と社協職員、県体協職員、地元で活動する南医療生協やコープあいちの組合員、東海市の人権委員・教育委員と愛知県被災者支援センターの担当者で構成された。こうしたつながりは、継続的な支援環境をつくっていく原型にもなっている。

みんなができることを少しずつ行う

複数の団体や個人が一緒になることで、ひとつの大きな活動に結びついた好い例がある。それが津島《つしま》市のお祭り、尾張津島天王祭《おわりつしまてんのうまつり》へ、広域避難者の方を招く支援活動だ。この祭りは津島神社の祭礼で、五百年以上の歴史があると伝わる。桶狭間《おけはざま》の戦いの二年前にあたる一五五八（弘治四）年、織田信長《おだのぶなが》が見物したという記録も残る由緒あるお祭りだ。

津島市の観光協会会長の計らいで、尾張津島天王祭の桟敷席へ、愛知県への広域避難者の方を二五人招待したい、というお申し出があった。コープあいち組合員理事・平光佐知子《ひらみつさちこ》さんがその話を受け、コープあいちにつなぎ、そこから愛知県被災者支援センターを通して、できるだけ津島市から近い地域に住む広域避難者の方に呼びかけた。

毎年、このお祭りには近隣から多くの人が訪れ、市内の駐車場がどこもいっぱいになる。不慣れな地域でのお祭りに参加することで、迷子になったり、会場にたどり着けなくなったりする可能性が見込まれた。そこで平光さんは、津島市社会福祉協議会の補佐・奥田愛範《おくだよしのり》さんに協力を求めた。声を掛けられた奥田さんは、次のように話してくれた。

「私自身、被災地にも足を運び、さまざまなボランティア活動を支えてきました。今回も少しでもご協力できればということで、社会福祉協議会の職員駐車場を確保し、個人的なボランティアとして参加させてもらいました。また、私から声を掛けたところ、二人の社協職員も賛同し駆けつけてくれました」

津島市社会福祉協議会の水谷織江《みずたにおりえ》さんは、

「駐車場から会場までの道中、参加された方から、『どんなお仕事をされているんですか?』と尋ねられ、社会福祉協議会の仕事の内容を説明させてもらいました。日頃何をしているのかわからない、と言われることが多い中で、向こうから興味を持って聞いてもらえたことが、とてもうれしかったです」と言う。

津島市社会福祉協議会でホームヘルパーを務める加藤なぎささんは、

「会場までお連れする際、立ち並ぶ出店のひとつを見て、『かしわ焼きって何ですか?』という質問を受け、こちらでは鶏肉のことを『かしわ』というんですよ、と教えて差し上げました。生活の中の何げないことを聞く機会があまりないようで、とても喜ばれているようでした」と話した。

参加した広域避難者の方々からは、「愛知県の方はすごく温かいね。おせっかいにならないよう、ほどよい距離感があるからありがたい」「津島のお祭りを通して、自分の故郷のお祭りを思い出しました」「私は、交流会に参加するのはあまり気が進まないけれど、このようなイベントならぜひ参加したい」「仕事を一から探して生活をしている自分と同じ境遇の人に出会えて、こっちに来てから初めて、連絡を取り合える友人ができた」など、さまざまな喜びの声が寄せられた。

津島市では、二〇一一年秋にも広域避難者の交流会が開催されている。この交流会にも平光佐知子さんのつながりで、地元の高校にあるボランティア部も参加し、話し合いに加わった。高校生は初めて接する被災者の方々に緊張し、何を話していいのかわからない様子だったが、逆に広域避難者の方に助けられて会話をしていたという。参加した高校生からは「被災地に実際に行くことはできないけれど、自分でも役に立てることがあるとわかった」などの感想が寄せられた。

平光さんは、次のような感想を述べた。

「広域避難者の方のためにも、このような機会を今後も少しでも多く提供できればと思います。また、コープあいちだけでなく、今回のように社会福祉協議会やボランティアなど、みんなが少しずつできることをして支え合う、そんな無理のない支援を継続的にやっていくことが大切なのだと思います」

6章 広域避難者の方々の想い

広域避難者と地域の組合員をつなげる

原発事故や津波の影響によって、約一二〇〇人、五〇〇世帯の方々が、故郷を遠く離れた愛知県で避難生活を余儀なくされている。この章では、広域避難者の方々の、これまでの経緯や現在の思いをつづっていく。

そして、被災という苦しい体験をした方々が、愛知県で心休まる日々を過ごしているのか、もしそうでなければ、少しでも安心して暮らしてもらうにはどうしていけばいいのかを考えていく。

二〇一三（平成二十五）年一月二四日、名古屋市熱田《あつた》区金山《かなやま》町にあるワークライフプラザれあろで、「地域をつなぐ交流会」が、主催・コープあいち、協力・愛知県被災者支援センターによって開催された。

この交流会の大きなねらいのひとつには、愛知県で暮らす方同士が知り合うきっかけをつくり、お互いに支え合える関係を築いていくことにある。そのため、この交流会には、コープあいちの組合員も参加。なかには、被災地交流ツアーで、気仙《けせん》地域を訪れた方も含まれている。

さらに言えば、被災者の方々の思いや経験をもとにして、地域の防災や安心して暮らせる地域づくりへとつなげていくことも視野に入れられていた。

愛知県で生活する広域避難者の方の、それぞれの発表が始まった。

被災三県ではない栃木県からの避難生活——井川景子《いがわけいこ》さん

東日本大震災が起こったとき、栃木県那須塩原《なすしおばら》市で、夫婦二人に、四歳と生後七カ月の娘の四人で暮らしていました。

震災というと、岩手県、宮城県、福島県の印象が強いと思います。しかし、栃木県の那須塩原市も震度六強の地震に襲われ、建物が崩れるなど、大きな被害がありました。そして、津波によって引き起こされた原発事故によって、大きな影響を受けました。しかし、被災三県ではない栃木県は、それほど注目されることはありませんでした。

二〇一一（平成二十三）年三月一一日、震災の揺れの中、子どもの頭だけは守らなければと、子どもたちに覆いかぶさりました。その後も余震が続き、計画停電も実施。真っ暗な家の中で、携帯の小さな光で影をつくったり、お話をしたり、子どもたちが怖がらないように努めました。夫は車体整備士で、那須塩原に来ていた福島や東京の人の車を、日々忙しく整備していました。

二〇一一（平成二十三）年四月半ば、震災後初めて、インターネットを開きました。それまでは、そんな余裕すらなかったのです。そこで、自分が無知だったことに気づきます。那須塩原は、福島第一原発から百キロほど離れてはいますが、非常に放射線量が高い地域だとわかったのです。これまで一カ月で、一ミリシーベルト（mSv）を超える身震いするような高い数値の放射線を浴びて被ばくしていることを知りました。

これまでの日々が、一気に思い起こされていきました。あの日は買い物に行くために、三時間外に出てしまった。あの日はガソリンを入れるために、あの日は病院に連れていくために、何度も何度も子どもたちを外に出してしまった。これまでの日々の行動を一つひとつ思い返すたびに、自らの手で子どもたちを危険な目に遭わせていたのかと、胸が鷲《わし》づかみにされるような心地になりました。

しかし、那須塩原市には、それでもほかの場所へ逃げようとする人はほとんどいませんでした。テレビでは、原発事故による放射能の放出を、「ただちに健康への影響はない」と繰り返すばかり。しかも、那須塩原は被災三県に物資を送っていたため、商品が極端に不足し、娘のオムツも買うことができなかったのです。

四月一七日のことです。ここから避難しようと決意しました。被災者を受け入れている東京のホテルに電話をしてみました。その答えは、被災地三県の人は受け入れられるが、栃木県は対象外ということでした。三軒のホテルに電話しましたが、すべて同じ返答でした。栃木の南部でもいいから逃げたいと、避難場所を探しましたが、それもすべてダメでした。

何としても、二人の子どもを守りたいと思いました。その日の午後、夫は仕事をやめました。そして、私たちは広島にいる友人を頼って、那須塩原を車で後にしました。笑顔で送り出してくれた友人がいましたが、「彼女たちを残して、自分たちだけが逃げていくのだ」という負い目を感じ、胸が痛みました。

道中の高速道路のサービスエリアには、いたるところで「つながろう日本、がんばろう東北」という文字を見かけました。その言葉に、嫌悪感を覚えました。

「何がつながろうだ。私たちのところには物もなければ、避難しようとしても受け入れてもくれないじゃないか」

西日本に入ると、さらなる大きなショックを受けました。街は人々でにぎわい、笑顔があふれていたのです。ここが本当に同じ日本だろうか、と思いました。

広島に着いてからも、さまざまな人から、「どうして栃木から来たの？」「気にしすぎなんじゃないの」と心ない言葉を投げかけられました。そこで、環境の変化やストレスのせいなのか、生後一年もたたない次女が体調を崩し、入院することになってしまったのです。放射線から守りたくて連れてきたのに、逃げた先でレントゲンによる検査をたくさん受け、放射線を浴びせることになってしまった。本当に悔しくて、つらかったです。

広島の友人を頼って生活していましたが、それが長引くにつれて居づらくなってしまい、そして、各地を転々としながら、何のつてもない愛知県小牧《こまき》市にたどり着き、ここで生活することにしました。

不動産屋をいくつか回りました。しかし、栃木県の親戚は県庁や市役所などに勤めており、われわれの行動が風評被害につながると考え、保証人になってくれなかったのです。保証人がいない状態では、どこも貸してくれません。「栃木県から避難してきたんです」と事情を説明しても、「罹災《りさい》証明書」があるかと聞かれ、持っていない私たちは借りることができませんでした。

ある不動産屋で、同世代で、同じくらいの子どもを持つ担当者に、何とか家を貸してほしいと頼み込みました。その気持ちが通じ、必死に動いてくれ、住む場所が決まりました。しかし、それまでには、通帳のコピーを渡すなど、通常は行わないようなやりとりが何度も発生しました。

夫は栃木県那須塩原市で整備工場を開業するという夢があり、貯金をしてきましたが、そのお金も逃げるためだけに使い果たそうとしていました。友人を故郷に置き去りにし、それでもメールで近況を知らせてくれることに、自分は彼女たちを裏切っているのではないかと思いました。私たちの選択は本当に正しかったのだろうか。塞《ふさ》ぎ込む日々が続き、自然と涙があふれます。しかし、娘の前では涙は見せてはいけないと、こっそりとお風呂場で泣きました。希望が見いだせず、目の前が真っ暗でした。

愛知県で、何とか夫の就職先が決まりました。しかし、今度は四歳の娘が精神的なストレスにより、安定剤を飲まなければいけなくなったのです。本当に、胸が張り裂けるような思いでした。

相談する相手もいない孤独の中で、私自身も体調を崩していきました。「なぜ、自分たちは、こんなに苦しまなければいけないのか」、そんなやり場のない思いを手紙にしたため、愛知県被災者支援センターへ送りました。それが縁となって、交流会などに参加するようになり、私と同じような境遇で同じ悩みを持っている人たちが、こんなにたくさんいたのかと気づきました。

それから、多くの人の協力を得て、同じ悩みをもった人たちが気軽に集まり悩みを話せる、支援者と避難者の垣根のない「ゆるりっと会」という交流会を開催することができました。

愛知県で自分の寝る間を惜しんで支援をする人々の姿を見て、自分の心の変化を感じました。かつて栃木県から避難する道中で、「つながろう日本」という言葉を見て、嫌悪感を抱いていた自分。そんな人間不信で凝り固まっていた心が、嘘《うそ》のように解きほぐれていきました。支援者の方々に支えられ、私自身も元気になりました。これからは、支援者の方に寄りかかるだけでなく、自分たちで立ち上がらなくてはいけないと思うようになりました。

そして、広域避難者が開催する交流会「ゆるりっと会」とともに、原発事故被害者支えあいの会「あゆみＲ・Ｐ（Realization of Project）・Ｎｅｔ」を立ち上げ、損害賠償の手続きや、支援への要望などの解決に向けて取り組んでいます。

震災から月日がたっても、その時のフラッシュバックに悩まされたり、離婚問題を抱えていたり、広域避難者の方々はさまざまな問題に直面しています。そんな相談の電話が、私の携帯には頻繁にかかってきます。同じ悩みを抱えた仲間でなければ、どうしてもわからない気持ちも多くあります。今は一歩一歩目の前の問題を解決し、前進していきたいと思っています。

福島県いわき市から生後二週間の娘を連れて避難——松山要《まつやまかなめ》さん

東日本大震災が起きた時、私は福島県いわき市に在住し、三月二一日出産予定の妊婦でした。夫婦で整体医院を開いており、やっと仕事も安定し、もうすぐママになる、そんな時でした。

大震災と原発事故で水が出ないため、福島県沿岸部（浜通り《はまどお》）の産婦人科は、すべて閉鎖になりました。知り合いに何とか頼み込んで、一日だけ産婦人科に受け入れてもらい、余震が続く中で出産したのです。

そして、生まれて二週間の娘を連れて、愛知県一宮《いちのみや》市に家族全員で避難しました。一宮市には以前からお世話になっている友人がおり、その会社の社宅で暮らし始め、今でもそこで生活しています。

こちらに来て二年を迎えますが、夫の就職はなかなか決まらず、先行きの見えない生活を送っています。唯一の心の励みは、子どもだけは元気にすくすく成長してくれていることで、それは本当に、何よりのことだと思っています。

愛知県に来て半年後に、いわき市から一宮市に住民票を移しました。市役所で、被災者への支援制度や住宅借上制度があることを教えていただき、それが非常に助かりました。

そして、被災者登録をすることで、愛知県被災者支援センターから情報が届くようになりました。それがきっかけで、名古屋で開催された大交流会に初めて参加しました。

そこで同じテーブルにいた園田泰平《そのだたいへい》さん（故人）に、「一緒に畑をやりましょう」と声を掛けていただき、交流会でサツマイモの芋掘りも行いました。苗を植えることから始め、草むしりをし、芋掘りでは大量にサツマイモを収穫することができ、大成功のうちに終えました。それはひとえに、多くの方の支援があったからこそです。井川さんの開催した「ゆるりっと会」のメンバーからも、サツマイモの芋掘りにはたくさんの参加がありました。

皆さんのおかげで、笑顔を取り戻すことができました。本当に感謝しています。

教師の職を辞して故郷の愛知へ避難——小野佳奈《おのかな》さん

震災当時、私は福島県福島市で暮らしていました。生まれも育ちも愛知県豊川市《とよかわ》。一四年前に福島にお嫁に行きました。家も買い、高校教師として働き始め、この地で骨を埋める覚悟でした。

二〇一一年三月一一日に、震度五強の大きな揺れがありましたが、水道は止まったものの、電気は無事でした。直後は、多くの人が、ちょっとした〝お祭り騒ぎ〟のような、興奮状態に陥っていました。テレビをつけても、首都圏の帰宅難民のニュースばかりが取り上げられていました。まさか津波によって沿岸部にあれほどの被害がもたらされ、原発による被害がここまで広がるとは、予想すらしていませんでした。本当にわれわれは無知であり、想像力が欠けていたと思います。

福島県といえば、商工業地帯である郡山市《こおりやま》はそれなりに認知度があります。また、観光地として、会津若松《あいづわかまつ》もよく知られています。しかし、福島県の県庁所在地である福島市は、それほど目立った産業も観光もない、公務員の町です。そのため、二〇〇八（平成二十）年頃から非正規雇用者の問題が浮き彫りになるなど、格差のある疲弊した町でした。

原発の問題が発生したとき、私は原発について、何ひとつ知りませんでした。そのことを悔しく思い、勉強を始めました。そして、原発の問題も、疲弊した社会のほころびのひとつであることに気づきました。しかし、そのほころびは、もはや修復できないほど大きなものになっていました。この原発の問題は、いじめや貧困、沖縄問題、格差社会など、現在の日本が抱えるすべての問題につながりのあるものなのです。

福島で生活をしながら、「事実を認めよう、原発のことをきちんと知ろう、世の中をもっと知ろう」と、周りの人々や生徒たちに呼びかけてきました。しかし、いくら訴えても学ぼうという姿勢は見られません。「先生、もう原発の話はやめてよ」と言われてしまうこともありました。

そんな時、福島県の全二三市町村に、家族の人数に応じて一律に補償金を出すことになったのです。支払われたのは大人一人につき八万円、妊婦と子ども一人につき四〇万円という大金です。もともと貧困の問題を抱える町にお金をばらまけば、どうしてもそこにすがりついてしまいます。あの家は得をしたとか、損をしたとか、そんな声をよく聞くようになり、普段は閑散としている商業施設がにぎわいました。その様子を見ていたら、なんだか悲しい気分に陥って、すぐに福島が自力で復興するのは難しいのではないか、と思えてきてしまったのです。

震災発生から一年が過ぎた二〇一二(平成二十四)年三月末、愛知県の岡崎《おかざき》市に転居しました。本当に福島から逃げてきてよかったのか、今でもわかりません。私は、福島を捨ててきた裏切り者だと、自分のことを思っています。これまで一四年間築いてきたものを、すべて捨ててきたのです。あなたは、たまたま実家が愛知県にあったから逃げられたんだよね、という声を何度も耳にしました。これまでつながりのあった人々に、じゃあね、と挨拶《あいさつ》をし、突然いなくなったのです。

それでも生活をするためには、前を向かなければいけません。現在は細々とですが、愛知を拠点に、ボランティアのお手伝いを行っています。福島のために何をしていくべきかを考え、最初の頃は、野菜が食べられないならそれを届ける試みを行いました。

参加していたボランティア団体も少しずつ組織が大きくなり、現在は、保養活動「おいでんプロジェクト」を実施しています。福島から子どもたちを呼び寄せ、愛知青年の家やお寺に泊まってもらっています。特別な活動内容はなく、水族館や岡崎城を見学したり、思い切り外で遊んでもらったりして、シートを敷いて青空の下、おにぎりを食べてもらうというものです。

岡崎近辺に暮らす方で、ご協力いただける方は、ぜひ一緒にお願いしたいと思っています。

私たちが避難を決めたとき――匿名希望

東日本大震災の時、私は福島県福島市に住んでいました。福島市は大地震によって停電や断水が発生しましたが、それ以上でもそれ以下でもありませんでした。一～二週間で戻れると楽観していた避難生活も四年目を迎えました。

私は、三月一三日の夜、電気が復旧し、テレビを観られるようになって、福島第一原発の爆発事故を知ったのです。空にバリアーが張られているわけではありません。急に恐ろしくなって、眠れなくなりました。その時初めて避難を決めました。

自然災害であっても原発事故災害であっても、危険な場所から物理的に遠ざかることは同じだと思います。しかし、一四日早朝に福島市を避難した人は、私が知る限りほとんどいなかったのが意外でした。有力な情報が入手できる大企業は、一部保安員を残して支店機能を東京に移しました。米国が国家の威信をかけて八〇キロ圏内の米国人を救出する、と報道されていても、人々は行政の避難指示や勧告がなければ動かないのです。私のきょうだい・親戚にも「線量が高い一週間だけでも避難せよ」と、何回もお願いしましたが相手にされませんでした。放射能は見えないし、においもしない。津波のように目に見えるものならわかってくれたのかと思うと悔しいです。避難には、生活がかかっています。社会的・経済的に簡単に決断できることではありません。できないことは、ないことにするのが平常心を保つためには必要だったのかもしれません。それでも、津波は自主的に避難した人が助かり、避難できなかった人との明暗を分けました。自分を守り、家族を守る危機管理を他人に委ねてよいものでしょうか。原発事故の避難については、語ることが憚《はばか》られている世相があることがとても残念です。

私たちは年に数回、自宅の保守管理に、ご近所に留守を詫《わ》びに、福島に一時帰還をしています。福島はすっかり変わってしまいました。自宅の前をにぎやかに通学する子どもたちの数が、目に見えて少なくなりました。夏なのに犬にもマスクをさせ、全身を衣類で覆って散歩させている人がいます。その半面、除染した公園の桜の下で弁当を広げて談笑している女性たちもいます。公園内に設置されているモニタリングは0・1マイクロシーベルト（μSv）台の数値を示していますが、場所によってはその数値とのギャップは大きいのです。私たち夫婦は、愛知県でのくらしを大切にしながら、避難によって細くなってしまった福島の人たちとの絆を大事にして、避難生活を継続中です。

運命的な出会いの中で支援する側へ――鶴島道子《つるしまみちこ》さん

陸前高田《りくぜんたかた》市で被災し（31ページ参照）、夫や多くの親戚を失い、避難所生活を経験した後、両親と共に双子の妹を頼って、愛知県の知多《ちた》市へ避難しました。故郷の陸前高田を捨てて、ひっそりと残りの人生を生きていくのだ、そんな気持ちでした。

知多市で生活を始めて間もなく、震災を通して経験したさまざまな心労から、次第に心のバランスを崩し、心療クリニックに通い始めました。

避難してきた経緯を簡単に話し、心のバランスを崩していると伝えると、医師は「当たり前だよ。あの津波をテレビの画面で観ていたっておかしくなる人もいるんだから」と言ってくれました。その言葉で、気持ちがだいぶ楽になった気がします。

それからしばらくして、八月末に孫の自転車を購入するために、近所にある自転車店ＢＩＫＥＥＧＧ（バイクエッグ）を訪れたときのことです。店内の片隅で、陸前高田市への支援の様子の写真や「顔が見える支援を」と書かれた支援募金の箱が目に入りました。「私も陸前高田から来たんです」と告げると、店長の杉浦稔人《すぎうらとしひと》さんは、「一カ月に一度くらいのペースで、宮城県石巻にも陸前高田にもボランティアで行っているんです。人とのつながりを大切に、顔の見える支援をしたいんですよ」と言いました。

一度は陸前高田とのかかわりを断って生きようと決意したのに、再び陸前高田が自分の目の前に現れたのです。この運命的な出会いをきっかけに、私は、陸前高田の知人を紹介したり、杉浦さんが地元の子どもたちを集めて少林寺拳法を教えている道場で自分の体験を話すなど、その活動を手助けすることになりました。この頃から、津波から生かされた自分の使命は、陸前高田とのつなぎ役になることではないか、と考え始めるようになったのです。

その後、愛知県内に来た広域避難者の支援にかかわり、そのつながりからコープあいちとの関係ができました。そして、コープあいちが被災地交流ツアーで陸前高田市に何度も足を運び、自分が子どもの頃から親しんできた人々と交流を重ね、復興に向けての支援をしていることを知ったのです。世の中は広いようで、本当に狭いということを実感しています。運命に引き寄せられるように、再び陸前高田とのつながりを持ち始めました。

五人の広域避難者の方々と交流する

五人の方々のお話を受けて、コープあいちの副理事長である中野《なかの》正二《しょうじ》さん（現・顧問）から、次のようなコメントがあった。

「生協は、社会にある問題を自分たちの力で解決するために誕生したという背景があります。お母さんたちが、子どもに食べさせたくない食品があれば、自分たちで納得のいく食品を追求する。生協は、自分たちで作る大切さを知っている組織なのです。

今日、お話しいただいた広域避難者の皆さんも、人と人がつながることで苦しみを乗り越えようとしておられます。その方たちをサポートできる仕組みを、地域で広めていくことが大事ですし、そのことを避難者の皆さんと一緒に学び合いながら協同組合の力で何ができるのか、午後の時間を使って話し合っていただければと思います」

その後、五人のゲストを囲み、軽食を取りながら交流する「分散交流会」を実施した。コープあいちの組合員が、広域避難者の方々から震災後の話をさらに深く聴くとともに、さまざまな意見交換をし、親睦《しんぼく》を深めた。

同時に、広域避難者の方々の話を聴くことで、その抱える問題が重層的であり、自分たちに何ができるのか困惑する人もいるなど、問題解決の難しさに直面することとなった。

再び故郷に帰ろうとする人もいる

二〇一三（平成二十五）年八月七日、陸前高田市では、震災以降三度目となる「うごく七夕まつり」が開催されていた。ここには鶴島道子《つるしまみちこ》さんの姿もあり、その時の心境を次のように語ってくれた。

「愛知県知多市に引っ越して二年たちました。このお祭りを見てもわかりますが、陸前高田では何かと近所付き合いがあります。知多市に引っ越した時は、近所付き合いがない気楽さを満喫していましたが、時間がたつにつれて、人と人の交流がないことに寂しさを感じ始めました。両親は割り切っていて、知多に永住すると言っています。それでも、やはり陸前高田に来ると、両親も友達と会うことができ、表情が生き生きとします。知多ではデイケアに通っていますが、こちらにいればその必要はないでしょう」

さらに、鶴島さんは新たな決断をしたことを教えてくれた。いろいろと考えた末に、陸前高田市の仮設住宅に申し込みをしたというのだ。

「こちらには津波で亡くなった主人のお墓もありますし、家があった土地の問題なども、ここにいないとわからないこともあります。ただ、愛知県被災者支援センターで広域避難者の方々を支援する取り組みに参加しており、その活動も継続したいと思っています。今後のことはどうなるかまだわかりませんが、しばらくは、愛知県知多市と岩手県陸前高田市を往復する生活になると思います」

一度は、故郷を捨てる覚悟で愛知県にやって来た鶴島さんは、偶然の出会いの中で再び陸前高田とつながりを持った。陸前高田の街は更地になり、周辺ではかさ上げ作業が進められるが、まだまだ復興の先行きが見えない。それでも鶴島さんは、その地にあえて戻ろうとしている。陸前高田の人々のつながりの強さ、故郷への切なる想い、そして復興への決意。鶴島さんの心の中で渦巻く、さまざまな想いが伝わってきた。

広域避難者から「支援者への感謝の会」

二〇一三年一一月九日、広域避難者によって、「支援者への感謝の会」が愛知県海部《あま》郡飛島《とびしま》村の敬老センターで開かれた。

この感謝の会を開いたのは広域避難者一八世帯（大人二〇人、子ども一四人）で、愛知県被災者支援センターから三人が参加し、その企画・運営をサポートした。この日お招きしたのは、飛島村の村長含め村役場の方四人、「飛島村東北復興支援グループ有志会」の方二五人だ。

愛知県避難者支援センターでは、コープあいちを通して約五〇〇世帯の広域避難者へ、年二回お米を配布している。このうち、二〇一二年から毎年全世帯に一〇キロのお米を提供しているのが飛島村なのだ。

さらに、このお米のつながりから、広域避難者と飛島村の人々との交流が生まれた。そのきっかけは、福島県浪江《なみえ》町から愛知県愛西《あいさい》市の民家を自分で探して避難した園田泰平さん（故人）の「畑仕事をやりたい」という声に応えて、飛島村の方が畑を提供してくれたことによる。この畑で他の広域避難者も加わり、五月のサツマイモの植えつけと一〇月のサツマイモの収穫を二〇一二年、二〇一三年と、二年続けて行ってきた。

二〇一二年九月には、飛島村の方によって飛島村東北支援グループ有志会が立ち上がった。サツマイモの植えつけ、収穫の際には、この有志会の方々が豚汁作りやバーベキューなどをして、広域避難者の方々をもてなしてくれている。また、ナスやトマト、ホウレンソウなど、育てる野菜の数も少しずつ増えてきて、畑仕事の楽しみが増えている。

広域避難者へのお米の提供と、畑仕事をする機会をいただいていることに対する感謝の気持ちを伝えるために、今回、広域避難者の方々によって企画されたのが、この「支援者への感謝の会」だ。震災から二年八カ月がたち、支援を受けるだけでなく、自分たちが主催する会に招いて感謝の意を伝えたいという気持ちが広域避難者の方たちに生まれ、それが行動となったものだ。

伊勢湾台風の経験が避難者支援につながる

ここで話は脱線するが、飛島村について少し紹介をしておきたい。

飛島村は「日本一お金持ちの村」と呼ばれている。その理由は名古屋市に隣接し、名古屋港の一角で鉄鋼関連の事業所や発電所、輸出関係の倉庫などが建ち並び、そこからの税収入が多く、財政が非常に豊かなためだ。昼間の人口は約一万三〇〇〇人だが、居住人口が約四五〇〇人と少ないのも特徴。埋立地であるため水害を受けやすいことと、村域のほとんどが市街化調整区域であり、住宅やアパートなどの建設ができない。そのため新たな家を建てられず、人口がほとんど変化せずに推移している。

少ない人口で税収が多いため、住民へのサービスが手厚い。教育にもこだわりがあり、小中一貫教育の体制で、英語教育を充実させている。中学入学時には子ども一人につき一〇万円の準備金が支払われる。中学二年生は、費用を村が全額負担して、一週間のアメリカ研修旅行に行ける。また、長寿表彰があり、九〇歳に二〇万円、九五歳に五〇万円、一〇〇歳に一〇〇万円が支払われている。サービス低下を恐れて、村民の七〇%以上が近隣の市町村との合併には反対しているという。

飛島村自体には広域避難者は一人もいない。それでも飛島村が広域避難者に対してお米の支援を行っているのには、一九五九（昭和三十四）年の伊勢湾台風での被災経験が大きく影響している。

伊勢湾台風は、九月二六日夜、和歌山県潮岬《しおのみさき》に上陸し、近畿・中部地方を通過し、大きな被害をもたらした。この台風による犠牲者は、北海道から中国・四国など広い範囲に及び、被害規模も犠牲者五〇九八人（死者四六九七人・行方不明者四〇一人）、負傷者三万八九二一人、全半壊一五万三八九〇棟、床上浸水一五万七八五八棟に上った。また、犠牲者は愛知県で三三五一人（うち名古屋市一九〇九人）、三重県一二一一人と、紀伊半島東岸の二県に集中している。

この犠牲者数は一九九五（平成七）年に阪神・淡路大震災が起こるまで、戦後の自然災害では最多であった。阪神・淡路大震災での犠牲者は六四三七人（死者六四三四人・行方不明者三人）、負傷者四万三七九二人、全半壊合計二四万九一八〇棟となっている。

また、東日本大震災は、犠牲者二万二〇三七人（死者一万五八八七人・行方不明者二六一五〇人）、負傷者六一五〇人、全半壊合計二四万九一八〇棟となっている（二〇一四年六月一〇日現在）。

東日本大震災の被害が広域にわたって甚大な被害をもたらしているのに対し、伊勢湾台風は愛知県・三重県に大規模な被害が集中している。つまり、地域を限定してみれば、伊勢湾台風は東日本大震災にも比肩し得るほどの大きな被害があったということがわかる。

このとき飛島村は壊滅的な被害を受け、一三二人の方が亡くなった。その時、全国から支援物資をもらい、助けられたことへの恩返しという気持ちが、現在の活動に結びついているのだ。

伊勢湾台風の経験から防災に対する高い意識を持つ飛島村は、東日本大震災の津波被害を他人事とはとらえていない。村の総務部総務課長の早川喜久《はやかわよしひさ》さんは、

「村内の八カ所に防災タワーを建築予定で、総工費は約四〇億円、国の援助を受けるため、飛島村は二〇億円程度の負担です。東日本大震災を教訓にすれば、飛島村では、津波がくるのは約九〇分といわれます。また、液状化もほぼ全域で起きるため、その範囲で歩いて逃げられる場所に、防災タワーは建設されます」と話してくれた。

食料や毛布なども備蓄し、村民が数日間生き永らえることができる巨大な防災タワーは、二〇一三年に着工し、二〇一七（平成二十九）年度中に建設が完了する予定だ。

もし、愛知県で震災や津波によって被害があれば、ＮＰＯや自衛隊などは、まずは人口の多い名古屋市や、沿岸部の地域に入ると予測できる。人口が少ない飛島村はどうしても後回しにされてしまう可能性が高い。実際に伊勢湾台風の時も、飛島村に支援が来たのは最後だったという。自分たちのことは自分たちで守らないといけない、そんな意識が村内でも賛否両論はありながらも、このような防災対策に結びついているという。

また、伊勢湾台風から五〇年以上がたち、その経験者たちが減少している中で、東海・東南海地震への備えとして、自然災害の原点としての記録を残すために映画「それぞれの伊勢湾台風」が製作され、二〇一四（平成二十六）年秋に公開された。

三重県や愛知県では祖父母や両親から伊勢湾台風の時の体験が子どもや孫の世代に語り伝えられてきた。東日本大震災において、これほどまでに愛知県、そして名古屋市が全面的に津波の被害があった岩手県の気仙地域を支援してきたのは、この被災体験が背景にあったからといっても過言ではないだろう。

避難者と支援者の心と心が通う交流

広域避難者から支援者への感謝の会の司会進行役を務めたのは、関東から愛知県に避難してきた山本由香《やまもとゆか》さんだ。

広域避難者に子どもたちからのプレゼントを贈呈した後、飛島村の村長・久野時男《くのときお》さんが挨拶《あいさつ》をした。

久野村長には、一九五九（昭和三十四）年の伊勢湾台風の被災体験がある。当時小学校六年生だった村長は、飛島村で復興の活動に当たっていた両親と離れて、名古屋市の避難所で暮らすことになった。小学校三年生の弟と四歳の妹と共に、名古屋市の体育館での避難生活は大変心細く、それでいながら兄として〝泣き言〟は言えない立場にあった。

この日、「支援者への感謝の会」の会場で、無邪気に走り回っていた子どもたちの姿を見て、久野村長は言った。

「あの時四歳だった妹は、細かな記憶は残っていないものの、『泣きながらお兄ちゃんを探して、体育館を歩き回ったという記憶だけは残っている』と今でも話します。この会場で子どもたちが走り回る様子を見ていると、どうしてもあの時の記憶がよみがえり、涙があふれるのです」

久野村長は、目の前にいる子どもたちに、少年時代に過ごした避難所生活の記憶を重ねながら、広域避難者の皆さんを温かい眼差《まなざ》しで見つめていた。

「今の飛島村があるのは、あの時多くのボランティアに助けていただいたからです。そのご恩を私たちは今も忘れていません。私たちができているのは、本当にささやかな支援ですが、今後も心に寄りそった支援をしていきたいと思います」

そう久野村長は述べた。

休憩をはさんで、「支援者への感謝の会」の第二部が行われた。

最初に、飛島村の有志会の方々一人ひとりから挨拶があった。

広域避難者から支援者にプレゼントが贈られた。それを受け取る村長の久野さん(右から2人め)と有志会会長の西尾さん。

佐野《さの》きみ子《こ》さんは、伊勢湾台風による自らの被災体験を話してくれた。

「一九五九年の三月に私は結婚し、九月に伊勢湾台風で被災しました。親から譲り受けた家や、すべてのものが泥にまみれてしまいました。何もかもを失い、一からのスタートでした。でも現在、私たちは家族七人で幸せに暮らしています。今は大変でも、いつか必ず良くなる日がやってきます。夢を持って、しっかりがんばってください」と避難者の方にエールを送った。

広域避難者の皆さんに畑を提供している、有志会会長の西尾《にしお》元治《もとはる》さんも挨拶を述べた。

「畑で芋掘りをしながら、子どもたちがバッタだ、ミミズだとほんとうに楽しそうな様子だったのを思い出します。われわれは決して、広域避難者の方々の気持ちを完全には理解できないと思います。しかし、その気持ちに寄りそって、ほんのわずかですが、支えになることはできると思います」

広域避難者の方々とその子どもたちから、有志会の皆さんへ手紙が渡された。そして今度は、広域避難者の方々一人ひとりからも、飛島村の方へのお礼のメッセージが述べられた。発表者も聞いている側も、感極まって涙する場面が何度もある、感動的な感謝の会となった。

「支援者への感謝の会」のまとめの言葉を任されたのは、福島県いわき市から愛知県一宮市へ避難した松山要さん。二歳のお子さんと一緒に、全員の前に立った。松山さんは、先の「地域をつなぐ交流会」で、避難した経緯を話してくれた方でもある（187ページ参照）。

「東日本大震災があった時、私のお腹《なか》にはこの子がいました。震災直後の混乱の中で出産し、福島県のいわき市から愛知県の一宮市に、知人を頼って避難してきました。出産後一年は、高齢出産だったことや精神的ストレスなどさまざまな影響から、動くこともほとんどできず、寝込んでいる毎日でした。今は多くの支援者の方のおかげで、少しずつですが立ち直ってきました。『命をつないでいく』ということを考えて、前に進んでいきたいと思います」と、松山さんは、まとめの言葉を力強く述べた。

まとめの言葉を述べた松山要さんと、震災時お腹の中にいた2歳のお子さん。「命をつないでいく」という言葉が印象的だった。

広域避難者の方々が抱える不安や問題は、それぞれの人によって異なり、すぐに解消されるものではない。飛島村の支援のように、自分たちができる範囲のことを継続して行い、広域避難者の方たちの自立支援を支えていくことが求められている。

次章では、広域避難者の方々の問題解決に向けた取り組みを紹介していく。

7章 問題にどう立ち向かうのか？

避難者六人によるリレートーク

広域避難者の支援を通してわかってきたのは、避難者の抱える問題は多様であり、複数の問題が絡み合っているため、一人ひとりに寄りそった支援が求められるということだ。先にも触れたが、その解決のために、さまざまな専門家が属する「パーソナルサポート支援チーム（ＰＳ支援チーム）」が結成された。

また、不慣れな土地で人脈のない広域避難者の方にとっては、同じ地域に住む人たちとの連携も求められる。そのために、専門家チームとコープあいちの組合員をはじめとした地域の人々が集い、さまざまな問題を抱える広域避難者のお話を聞き、一緒に話し合って、問題解決の方法を探っていく取り組みが行われた。

それが、二〇一三（平成二十五）年九月二六日に開催された「東日本大震災・津波・原発事故による県外避難『私たちの抱える問題と支援を考える』会」だ。場所は、名古屋市中区《なかく》丸《まる》の内《うち》にある愛知県社会福祉会館で、主催は愛知県被災者支援センターだ。

午前中は、愛知県に避難された広域避難者六人に、現在抱える問題をテーマごとにリレートークをしてもらった。それぞれの方の発表内容のまとめを紹介していく。

「医療と健康調査について」――Aさん

福島県伊達《だて》市から愛知県大府《おおぶ》市に、Aさんは母子で自主避難した。お子さんは二人おり、震災当時、小学生だった。夫は、地域と共に成り立っているような、先代から引き継いだ事業を経営しており、一緒に避難することはできなかった。

福島県伊達市は「特定避難勧奨地点」に指定されている区域と、指定されていない区域がある。「特定避難勧奨地点」に指定されると、避難するかしないかは住民が判断できるが、いずれにしても国が生活を保障してくれる。Aさんの住む場所は「特定避難勧奨地点」には指定されなかったが、子どもが通う学校では、二〇人の児童の家庭が指定されていた。

これほど狭いエリアの中に、指定される家とされない家があるのはおかしいと、仲間と共に署名活動を行った。夏休みには子どもを疎開させようと、ボランティア団体の協力で、愛知県の長期キャンプに参加させたという。

震災から約一年たった頃、放射能から守るための制限された日々に、精神的にも肉体的にも限界を感じ、Aさんは母子避難を決意する。

愛知県で生活して一年半、家族や友人を残して、自分たちだけ避難してよかったのか、自責の念に苛《さいな》まれている。子どもたちの甲状腺の検査ができる病院を自分で探したが、内部被ばく検査は福島に帰らなければ受けられないと言われた。放射能が及ぼす健康被害の問題は、自分の勉強不足もあるがわからないことが多い、と感じている。そして、「どこにいても、子どもが医療や健康調査をしっかりと受けられるようになることを希望している」と訴えた。

「子育て世代が求める食の安全のために」——Mさん

震災当時、Mさんは、福島県いわき市に住んでいた。福島第一原発の事故があったが、いわき市はギリギリ三〇キロ圏外で、避難区域には指定されなかった。しかし、わずか数キロの違いで何が変わるのか、と思ったMさんは、愛知県の尾張旭《おわりあさひ》市に移住した。最初のうち、母子は愛知県で、夫は福島県で暮らす二重生活だったが、二〇一二（平成二十四）年六月に、夫は愛知県に仕事を見つけ、同居できるようになった。

「実家が名古屋で、避難できてよかったわね」という、他人の何げない言葉に傷つくこともあるとMさんは話す。

いわき市に住んで二年。この地には夫の実家の先祖代々のお墓もあり、Mさん一家は、この地に永住しようと思っていた。隣近所の人たちも温かく、田舎暮らしを大変気に入っていた。しかし、そんな生活が突如として奪われ、愛知県への避難を余儀なくされた。Mさんにとって移住は、大変つらい決断だった。

愛知県に来て、二人の子は保育園に通い、生活も落ち着いてきた。今は、三人目の子どもがお腹《なか》にいるが、「健康に生まれてくるのだろうか」と、ふとした瞬間に不安に駆られるという。食品に関しては、非常に神経を使っている。いまだに西日本の食材だけを選び、特に魚は選ぶのに時間がかかる。保育園給食も心配なときは、子どもたちに〝代替え〟を持参させている。

Mさんは、安心して子どもを預けられる公立保育園がなければ、自分がしっかり働くこともできないと考えている。自分でも神経質過ぎるのは自覚しているが、食品汚染に対しての危機意識は、もはやトラウマのようになっていて、頭から離れないのだという。福島に行ったときも、愛知にいても、放射線に関しての自分の考えは、周りの誰にも言えない。「ちょっと神経質過ぎるよ。考え過ぎじゃない」と言われるのがわかっているからだ。

だんだんと「自分の子だけ元気であればいいのか？」「隣に住んでいる子も大事な子どもではないのか？」という思いが強くなってきた。自分の子が自分に守られているように、日本中の子どもも国に守られなければいけない、とMさんは考えるようになった。

「食材は流通していますし、空も海もつながっています。日本中どこにいても、安心して子どもを育てられる環境が必要です」と、会場に切なる思いを伝えた。

「生活の自立を目指して」——Oさん

福島県伊達市から愛知県大府市に移住してきたOさんは、シングルマザーで、職業は看護師だ。小学生と幼稚園の子どもたちと、母子による自主避難だった。

福島から愛知に来たことに関して、「子どもたちの気持ちは、正直なところわからない」とOさんは言う。そして、子どもたちには、「自分で責任を持って決断できるようになったら、福島に戻るかどうかを自分で決め、好きなことをしなさい。それまではママに付いてきて」と伝えている。

愛知県に来てから、〝十年後の子どもたちへ〟の手紙を書いた。そこに、この決断をするまでの母としての気持ちを素直にしたため、「十年後にこの決断で間違いなかったって思えるようにがんばるね」と結んだ。

「看護師だからどこに行っても仕事があっていいね、とよく言われますが、看護師でなくても自主避難をしていました」とOさん。また、貯金も使ってしまったし、以前より生活が苦しいのが実情。しかしそれでも、愛知県に来てから草木に触れたり、公園を駆け回

った り、当たり前の生活がこんなにも感動するのかと実感し、子どもの発育を頼もしく思っている。

健康への不安のない生活を送れている今、「そっとしておいてほしい」「もうがんばりたくない」と思うこともある。しかし、自分たちのために活動されている多くの支援者の方々のことを思い、「自分は受け身でいいのか」「何のために避難してきたのか」と思うようになっていった。

「みんなで考えながら、より良い未来に向けて、自分にできることをしていこうと思います」。そう力強くOさんは話してくれた。

「ADRについて私が伝えたいこと」――MSさん

東日本大震災の時、MSさんは、山形県山形市に住んでいた。夫婦と二歳の娘さん、そしてお腹《なか》にお子さんがいて、臨月を迎えていた。やがて、次女は元気に誕生した。

しかし、予測もしなかった事態が起こった。その翌月、二〇一一（平成二十三）年五月に夫に転勤の辞令が出て、福島県郡山《こおりやま》市に引っ越すことになったのだ。郡山市から避難する人もいる中で、家族で、山形県から郡山市へ移って生活をすることとなった。

ところが、翌年の二〇一二年一月頃から、夫が仕事に不満を持ち始め転職を考えるようになった。「どうせ転職するなら、県外にしてほしい」とMSさんは要望を出す。

同年七月に、転職先の愛知県名古屋市に家族四人で引っ越し、MSさん一家は現在は刈《かり》谷《や》市に住んでいる。

郡山市の人々は、福島第一原発の放射線汚染による被害について、東電から賠償金を受け取っていた。しかし、震災当初は、震災発生時に福島県に住んでいる人だけがこの手続きの対象であったため、MSさんは受け取ることができなかった。

郡山市に住んでいる時に、義母より「孫たちもほかの福島の子どもと同じように不便な生活を強いられているのに、賠償金を受け取れないのは悔しい！」と、ADR（裁判外紛争解決手続）に申請したが、賠償金は認められなかった。「事故の影響があると知っていて、福島に来たのはあなたたちが決めたことだから」という理由だった。

しかしその後、ADRを行う原子力損害賠償紛争解決センターの担当者から、「震災後に福島県に引っ越してきた人も、対象になることになったから、もう一度やってみませんか」と連絡があった。

MSさんは、一カ月かけて原子力損害賠償紛争解決センターと何度もやりとりしながら、書類や資料、請求書をまとめていった。そして、ついに東電と和解し、二〇一三年六月末に賠償金が支払われた。領収書で、認められたものと認められなかったものは次の通り。

また、その他に提出した書類もすべて記してくれた。

認められたもの
・引っ越す前の住宅下見時交通費
・引っ越し時の交通費
・名古屋での住居費
・名古屋に来て初期の一時帰宅費（ガソリン代：東電の基準八割）
・名古屋での家財道具購入費
・名古屋ナンバー取得費用

認められなかったもの
・郡山で子どものリフレッシュ用に利用した一時保育費用
・名古屋へ引っ越す時に利用した宿泊費
・引っ越しにまつわる外食費
・郡山在住時のミネラルウオーター代
・郡山在住時の他県産食材購入にまつわる食費増加分（家計簿添付）

その他の提出物

・母子手帳の写し（郡山在住の証明として）
・在職証明書（福島で勤めた会社の企業印入り書類）
・郡山・名古屋の住民票
・郡山在住中の日記（カレンダー）
・夫の名刺（避難前・避難後）
・子どもの診察券（避難前・避難後）

「郡山市に住んでいた一家族がこんな生活をし、こんな苦労をして生きていることを、国に、東電に知らせることができた。それだけでも結果には納得がいきました」とMSさんは話す。

東電との和解が決まったという報告を、原子力損害賠償紛争解決センターから電話で受けた時、MSさんは外出先だったが、思わず涙があふれてきたという。

「私たちはありがたいことに、もう少しだけこの地で生きていける。このお金はいつか東北に戻るために大切に持っていよう」

ＭＳさんは、故郷のことを想いながら愛知県で日々の生活を過ごしている。

「避難先での人とのつながり」――Ｙさん

震災当時、Ｙさんは夫の仕事の都合で、埼玉県で生活していた。福島第一原発の事故を受けて、当時四歳のお子さんを守りたい一心で、二〇一一年三月一五日に、実家のある愛知県名古屋市に向かった。放射線についてインターネットで情報を調べたことが、一時的な避難を決めたきっかけとなった。

東京駅へ向かう道中は、静かな日常の風景だった。しかし、新幹線に乗った途端、世界は一変した。車両の中はぎゅうぎゅう詰めで、お客はパニック状態。外国人の姿が多く、「なぜ日本人は逃げないのか、クレイジーだ」という英語が聞こえてきた。何かただならぬことが起こっていると、Ｙさんは感じた。

夫は東京で働き、母子で名古屋市の実家に暮らす二重生活となった。そもそも、自分がここに来たのは正しかったのか？　愛知県では放射能のことを気にしている人は周りにはあまりおらず、心のうちを話すことができなかった。とりわけ自分は福島県からではなく、それほど放射線量も高くなかった埼玉県から逃げてきたので、なおさらだった。当時は放射線の知識が少なく避難したことを悩んだが、偶然知った放射線の専門家の講座に参加して、当時の原発の状況を聞き、早い避難が正しかったと確信できた。しかし、Ｙさんは一年間、相談相手もいないつらい日々を過ごした。

あるとき、インターネットを介して、茨城県から愛知県に避難してきた方と知り合った。それがきっかけで、愛知県の被災者登録の仕組みを知った。Ｙさんは、愛知県に住所を移していなかったため、その情報が入ってこなかったのだ。被災者登録をした途端に、愛知県被災者支援センターから広域避難者に関する情報が続々と入り、人とのつながりが一気に広がる。こうして、Ｙさんは広域避難者の交流会に、ちょくちょく顔を出すようになっていった。

最初は関東からの避難者は少なかったが、少しずつ増え、今では関東の避難者が八割ほどの交流会もある。東北ではない、関東ならではの「勝手に自主避難をし、周りの人には話しにくい」という悩みを抱える人も多くいる。Ｙさんは自分自身の体験から、一人で悩む人を減らすためにも、避被災者登録の仕組みをもっと広く知らせることが必要だと感じている。

飛島村をはじめとした地元の方との交流やさまざまな支援のおかげで、Ｙさんは心の整理がついてきた。今は、大きな災害を体験した東北の被災者と、これから大きな災害が起こり得る東海地方の人々のつなぎ役となって恩返しができないか、と思っている。

「外国人として避難して」――工藤福一《くどうふくいち》さん

福島県郡山市に住んでいた工藤さんは、荷物を運んで長距離を走る大型トラックの運転手として働いていた。仕事中に地震に遭った工藤さんは、途中野宿をしながら何とか会社に戻る。しかし、放射線汚染の問題から会社の仕事はぱったり途絶えてしまっていた。従業員は、「いつ仕事が入るかもわからないから、それぞれ新しい仕事を探してほしい」と会社の経営者から言い渡された。しかし、外国人で日本語もそれほど喋《しゃべ》れない工藤さんは、「もう五十代の半ば、この年齢ではどこにも仕事はないので、何か仕事があれば連絡をください」とお願いした。

一時、中国大使館のバスで、中国総領事館のある新潟市に避難した。中国に帰る便も用意するということだったが、工藤さんは日本に残ることを決意する。そんな時、もといた郡山市の会社から連絡があり、一週間に二～三回の仕事があると伝えられた。

それは、原発の近隣にあった大手企業の工場にある機械を運び出す仕事だった。作業服とマスクをして仕事に取り組んだが、汚染された作業服は家の中には持ち込めず、ビニール袋に密閉して外で保管しなければならなかった。「危険かもしれないが、自分の余生はそれほどないだろうから、別に構わないと思っていました」と工藤さんは言う。しかし、妻に反対され、その仕事をやめることになった。

工藤さんは最初、次女のいる千葉県に行こうと思ったが、千葉でも放射線汚染が問題になっている地域があると聞き、長女のいる愛知県に移住することにした。問題となったのは、ほぼ寝たきりである妻の父親の工藤和夫《くどうかずお》さん（九五歳）のこと。和夫さんの子どもたちは、工藤福一さんの妻のほかにも何人かが日本にいたため、彼らに連絡したが、みんな自分たちのくらしが精いっぱいで、引き取る余裕はなかった。福一さんも仕事を失い、この先どうなるかもわからない。福島に残していこうかとも考えたが、悩み抜いた末、名古屋に連れていくことを決断する。

二〇一一年六月に愛知県名古屋市に来た時は、家財道具は何もなかった。日本赤十字社から電化製品などをもらい、翌年二月には飛島村からお米をもらった。「ボランティアの方々に助けられ、本当に感謝している」と工藤さん話す。

工藤さんは今、ハローワークなどを通じて仕事を探しているが、なかなか雇ってもらえない。工藤さんの妻の母は、いわゆる「中国残留孤児」の日本人として、旧満州《まんしゅう》（中国・東北地方）で育ち、さまざまな苦労をしながら、中国人の支援を受けて生き延びてきた。工藤さんは今、中国人として日本で支援を受け、生き延びている。「親子で、日本と中国の支え合いを受けられてよかった」と話す。

当事者と支援者が一緒に考えるワークショップ

六人の広域避難者の方々のお話を聞いた後、休憩を挟んで午後からワークショップが行われた。

九つのグループに分かれて、避難者として問題を抱える当事者を囲み、支援者や専門家が一緒に話し合い、問題解決の方法を考えていく。支援者は、各協力団体の方やボランティア、学生、コープあいちの組合員。専門家は、学者、弁護士、医師などだ。

話し合いの手順は次の通り。最初に、当事者のお話を聞いてテーマを定める。そして、その背景や課題について話し合っていく。最後に、「私たちにできること」「社会的に解決すること」を整理して、グループごとに全体の前で発表していった。

ワークショップの最後に、放射線被ばくの専門家として参加した名古屋大学名誉教授（物理学）の沢田昭二《さわだしょうじ》先生は、

「この場に参加できて本当によかった。自分たち研究者は、科学的な数値を見て安全だと、一方的に伝えてしまいがちです。しかし、当事者の方々は、必ずしもその情報だけで安心はされません。このような話し合いを通して、専門家が当事者の意見を聞く重要性を痛感しました」と話した。

この日、愛知県に避難してきた当事者の方と愛知県の支援者、そして専門家が一つのグ

ループとなって、さまざまな意見を交わした。この話し合いを通して、支援者・専門家は、問題を抱えている当事者でないとわからないことが多くあるが、同時に、お話を聞くことで寄りそうことはできることを実感した。そして当事者の方も、人に話すことで解決に向けた第一歩につながることを、このワークショップを通じて感じることができた。

当事者の立場で問題を考えてみる

「私たちの抱える問題と支援を考える」会の二カ月後の二〇一三年一〇月三一日、コープあいち参与の向井忍さんは、福島県郡山市から愛知県名古屋市港《みなと》区に避難してきた工藤福一さんを訪問した。この時は、向井さんが行っている、お米や野菜をお届けする活動の中での訪問だった。

この日、ご自宅に上がらせてもらい、工藤さんが生きてきた軌跡と、妻のお母さんについて伺うことができた。

福一さんは、中国・東北地方にあるハルビンで生まれ育った。生家が農家だったので、一六歳から農業に従事し、豆やトウモロコシなどを育てていたが、秋になると税金としてほとんどが徴収され、貧しい生活をしていたという。

工藤福一さん（右）へお米を手渡す、コープあいちの向井忍さん。

さらに話は、福一さんの妻のお母さんである、中国残留日本人だった工藤みよさんのことに及んだ。一九六〇年代から七〇年代にかけて続いた文化大革命では、日本人として大変つらい思いをしながら過ごしたという。

以下は、工藤みよさんが語られた内容を、妹の工藤キヨ子さんがまとめた文章の要約だ。

工藤みよさんは山形県の出身で、夫、子ども二人の家族四人と、妹のキヨ子さんとで、満州に渡った。そこで新たに二人の子どもが生まれた。夫が兵隊に召集されたため、みよさんとキヨ子さんが、四人の子どもを育てなければならなかった。一年間は夫とも手紙のやりとりをするが、やがて戦況が悪化し、音信不通になってしまう。

一九四五（昭和二十）年、終戦を迎え、工藤みよさんはハルビン市の方正県《ほうせいけん》に移動する。建物の中の暖房が壊れ、藁《わら》の上で眠る日々。食べるものも飲むものもなく、生の大豆をかじって生き延びた。食べ物を探しにいくと、「匪賊《ひぞく》」（中国の非正規武装集団のことで、当時の日本人は彼らのことをこの蔑称で呼んだ）や、当時のソ連（現ロシア）の飛行機に襲われた。毎日十数人が飢えで亡くなっていき、どうやって生き延びてきたのか、自分でも信じられないと、みよさんは回想する。冬が訪れるとひもじさは一層増し、四歳と二歳の子どもは、ついに栄養失調で亡くなってしまった。

一九四六年に、みよさんは中国人の男性（工藤和夫さん）と再婚。元の夫からの手紙を待っていたが、日本と中国の関係が悪く、手紙は一切届かなかった。中国では無政府状態が続いていたが、一九四九年に中華人民共和国を建国。その後、一九七三（昭和四十八）年に田中角栄《たなかかくえい》が訪中し、日中友好平和条約が結ばれた時は、みよさんは大変うれしかったという。

一九七五（昭和五十）年九月、みよさんと、妹のキヨ子さんは、里帰りを許されて、日本に帰ることができた。みよさんは、日本で元夫とも再会した。新しい妻と、二〇歳を超えた子どもが二人いた。お互いに、生活のために、仕方のない選択だったと話した。その後、みよさんは夫婦で日本に移住することになった。

「私は、このかわいそうな経験を、ほかの人にも伝えるべきだと主張しました。そこで、文字が書けた妹のキヨ子さんが、話を聞いて文章にしたんです。私自身、どうして日本に来たんだと聞かれることがありますが、妻のお母さんが語ったこの文章を見せ、この女性の娘が私の妻なので日本に来ている、と説明しています」と福一さんは話す。

一九七五年、工藤みよさんは、夫の和夫さんと共に日本に移住している。それから一五年の月日が経ち、一九八九年六月四日の「六四《ろくし》天安門《てんあんもん》事件」があった翌九〇年、中国のハルビンから夫婦と娘二人を伴って、福一さんは一家四人で日本にやって来た。そして、みよさんと和夫さんが住んでいた、福島県の郡山市で暮らし始めた。

「仕事もどうなるかわからないし、言葉も喋れませんでしたが、中国での貧しい生活から抜け出すために、日本に来る決意をしました。できるだけやって、ダメだったら中国に戻ろう、そんな気持ちでした」と福一さんは当時を振り返る。

日本の景気も良い時代で、福一さんはトラックの運転手として働くことができた。一カ月の給料は、中国にいたときの五年分の年収に当たる金額だったという。

一九九五（平成七）年の阪神・淡路大震災を、工藤福一さんはテレビを通して目の当たりにした。大変なことが起こった、と思ったが、自分の身にも同じように災害が訪れるとは、この時は思いもしなかった。震災が起こるまで福一さんは、福島県郡山市で、トラックの運転手として安定した生活を続け、三人の子どもを育て上げた。三人とも今は自立している。工藤みよさんは、東日本大震災が起こる三年前に亡くなられている。

二〇一一年六月、東日本大震災によって職を失い、愛知県にやって来た福一さんは、名古屋市の市営住宅で妻との二人暮らしをしていた。十畳ほどのリビングには、必要最低限の家具と家電があるだけで、物がそれほど多くないため、部屋が実際よりも広く見えた。九五歳のお父さん、工藤和夫さんは、近くの市営住宅の別の部屋で暮らす。二四時間態勢で介護が入り、福一さんか妻が毎日様子を見にいっているという。

名古屋市に来てから、福一さんはハローワーク通いを一年間続けたが、五六歳という年齢でトラックの運転経験しかないという理由から、仕事を見つけることができなかった。現在は、膝《ひざ》の変形性関節炎がひどくなり、歩くと痛みを感じる。医者に相談したが、手術をするにもまだ段階が早く、薬などで対処せざるを得ない状況にある。膝の問題が解決しないため、集中して仕事を探すこともできず、生活保護に頼って暮らさざるを得ない状況。近くには長女が住んでいるが、孫がまだ六歳と二歳で子育てが忙しくて、それほど頻繁には会えないそうだ。

一人の抱える問題を深く見ていくと、その人だけでなく、家族や歴史的な背景までが絡み、現在抱えている問題は重層的なものであることがわかる。当事者の問題を自分のこととして考えることが大事であると、よくいわれる。もし自分が工藤さんの立場だったらどうするだろうか？　周りから手が差し伸べられなければ、自分では何もできない、そんな無力感を抱くのではないだろうか。

広域避難者の支援の全国的連携

全国でも、広域避難者への対応は震災復興支援の中でも立ち遅れていた。ＪＣＮ（東日本大震災支援全国ネットワーク）では広域避難者支援ミーティングを、二〇一二年六月の東海地域版を皮切りに、近畿、中国、四国、九州、山形、東京と全国で開催し、支援団体のネットワークづくりを推進してきた。また、福島県からの受託事業で、震災後二年たった二〇一三年度には、県外避難者を支援するネットワークづくりを目標にした事業も開始された。この事業では、全国八つの地域で広域避難者支援の情報把握などの連携が行われるようになった。

コープあいちも、東海エリア（愛知県、静岡県、岐阜県、三重県）を担当する地域調整員を引き受けており、向井さんが担当している。

現在は、ＪＣＮのホームページなどを通して、相談会や困り事の連絡先を調べられるようになってきている。少しずつだか、広域避難者への支援における全国的な情報共有や連携も進みつつある。

「避難する権利」を裁判を通して訴える

二〇一四（平成二十六）年九月二六日午後二時から、名古屋地方裁判所で、福島第一原子力発電所事故における訴訟の第一回の審理が行われた。

この裁判は、愛知県と岐阜県に避難してる三六世帯一一四人の方が、国と東京電力（東電）を相手取って起こしたものだ。

原告代理人席には、十数人からなる弁護団と原告が並んだ。ＰＳチームの一員である弁護士もここに参加していた。被告代理人席には、東電と国の代理人一〇人が並んだ。九〇席の傍聴席は全て埋まり、傍聴できない人も出るなど、この裁判への注目度の高さがうかがえた。

この日、避難者であり、原告の一人である岡本早苗《おかもとさなえ》さん自身よる意見陳述も行われた。岡本さんの陳述の大要は、以下のようなものだった。

福島第一原子力発電所の事故が起こった時、岡本さんは夫と四人の子どもと一緒に、福島県伊達《だて》市で暮らしていた。しかし、愛知県の実家に住む兄からの電話で、放射線の恐怖を知ることとなる。

このときお腹《なか》に五人目の子どもを宿していた岡本さんは子どもや胎児への影響を考え、愛知県への母子避難を決意。福島を終《つい》の棲《す》み家《か》と思っていた岡本さんにとって、苦渋の決断だった。お世話になった人たちに挨拶《あいさつ》もできないままに、福島県を後にする。

避難先での生活は、苦難の連続だった。愛知県で子どもの体調が悪くなり病院にかかっても、警戒区域外のため、医療費は無料にならない理不尽な現実に直面する。

子どもの幼稚園・小学校はどうするか。出産をどうするか。住居をどうするか。福島でやることになっていた町内の役員は誰に託すか。次から次へと決断を迫られる。

福島に残った夫は、誰もいない真っ暗な家に帰宅する寂しさや、家族を避難させたことを周りから責められる、そんな肩身の狭い思いを強いられ、電話口の声も日に日にか細くなっていった。

本当に、私たちは避難してきてよかったのか、そんな疑問に直面する。

そんな時、長男が四一度を超える高熱を発し、解熱剤でも体温が下がらず、ついに入院、川崎病《かわさきびょう》と診断される。ほかの子どもたちも体調を崩し、親戚《しんせき》に迷惑をかけることにもなった。

夫に転勤願いを申し出るように話したが、結局、会社には聞き入れられなかった。ついには夫に、離婚か、仕事をやめるかの決断を迫ることにも。岡本さんは、話すことも支離滅裂になり、精神のバランスを崩していったという。

親戚は嫌味ひとつ言わなかったが、さすがにこれ以上甘えることはできない。居候《いそうろう》生活を続けるには、岡本さんは限界に達していた。

そうした極限状態の中で、もはや会社の意向いかんにかかわらず、夫自らが愛知県に移り住むことを決断した。一四年間全力でやってきた仕事をやめる、夫の覚悟がどれほどのものか、今から思えば胸が締めつけられる思いだが、その時の岡本さんは、そんな夫の気持ちを理解することもできなくなっていたという。

夫が愛知県に到着する日、岡本さんは実家を飛び出してしまう。名古屋駅で夫と再会し、「家を出てしまったので、住む家がない」と告げた。「今日どうするの?」という夫の言葉に、張り詰めていた岡本さんの精神は、ついに崩壊してしまう。その後のことは、断片的にしか記憶にないという。

区役所で、「どこでもいいから雨風がしのげるところはありませんか?」と、涙を流しながら訴える夫。それをただ呆然《ぼうぜん》と見ている岡本さん。子どもたちは、ただただ不安な表情を浮かべる。何とか区役所のお世話で、寝泊まりできる場所を確保する。

岡本さんは、子育ても、家事も、生きることさえも嫌になる。ついには、子どもが話しかける声にも反応できなくなり、夫の作る食事もまともに取れなくなる。夜になると岡本さんは、自分を責め立てる幻聴が聞こえ、「死にたい！」と叫びながら家を飛び出してしまう。いつも夫が岡本さんを探し、家に連れ帰ってくれた。しかし、そんな夫にさえ、自分のことを責めているような気がして怒鳴り散らしたり、手を上げたりする始末。子どもたちへの感情のコントロールもできなくなり、虐待してしまったこともあったという。

夫の勧めで病院に通うも、妊婦であったため薬を飲むこともできず、苦しい毎日が続く。家族の支えで、少しずつ症状が軽くなっていったが、今でも子どもたちは、岡本さんが怒った表情をするだけで、顔が強張《こわば》り、身が固まってしまう。

精神的に追い込まれていく、壮絶な避難生活の様子が伝わってくる。岡本さんとその家族は、終の棲み家にしようとしていた場所を失い、将来への希望を奪われてしまう。そのうえ、国からのサポートを受けられないまま、避難生活の中で大きな精神的な負担を背負うことになり、今なおその生活は続いている。しかも、放射線による今後の影響に対しても、生涯にわたり健康への不安と恐怖を抱いて生きる重荷も背負わされた。突如として平穏な日々の生活が奪われ、人生を踏みにじられ、破壊されてしまったのだ。

この裁判では、原発事故の責任の所在を明らかにし、これまで避難者が被った損害賠償として、原告一人当たり一〇〇〇万円の慰謝料の支払いを求めている。

ただし、裁判後の記者会見で、岡本さんはこのように述べている。

「私たちが求めているのは、健康で幸せに生きるために、原発事故被災者の避難する権利を認めさせることです。裁判を通して、一〇〇〇万円の慰謝料を要求しているのは、それらの権利を要求する手段がほかにないためです」

自分たちの身に危険が迫ったとき、当然誰もが認められるべき「避難する権利」を、裁判によってしか主張できない現実がある。今後、裁判を通して、避難をした人々が、自分たちの避難の正当性を長い時間をかけて証明するという、理不尽な要求が課されるということだ。

全国各地で同じように、福島第一原子力発電所事故における集団訴訟が行われている。最も早い裁判で、二〇一五（平成二十七）年の夏頃、判決が出ることが予想されている。

広域避難者の支援が協同につながる

ここまで、広域避難者の方の抱えている問題や、その問題解決に向けた取り組みについて取り上げてきた。

広域避難者の方々は、家や家族など多くのものを失った。それらを取り戻すことができないばかりか、問題解決の糸口もわからないまま苦しんでいる人が多くいる。

一方、行政側も、助けたいという気持ちがあっても、避難者の方から訴えかけなければ動くことができないという事情がある。

そのため、生協やＮＰＯなどの市民団体が、広域避難者の方々の抱える問題をくみ取り、専門家へ橋渡しをし、行政へ訴えかけて、問題解決につなげることが求められている。また、行政だけでは取り組むことが難しい問題も多くある中で、支援者たちが、どのように連携しながら手を差し伸べていくかを考えることも必要だ。

二〇一二年六月二一日、「原発事故子ども・被災者支援法」が可決された。この条文には、次のように明記されている。

「子どもや妊婦への特別な配慮がなされなければならないこと、原発事故による放射線が人の健康に及ぼす危険について科学的に十分に解明されていないこと、避難するかとどまるかなど被災者が自らの意思で行ったいずれの選択も適切に支援すること、健康調査や健康診断の実施、医療費の減免などを行うこと、政府により避難指示の基準を下回るが、一定の基準以下である支援対象地域を定めること……。

「この法案は、理念だけが決められ、具体的な取り組み内容が決まっていません。この法律を、生きた制度にするためにも、避難者の声を今後しっかり届けていくことが重要です」とコープあいち参与の向井忍さんは話す。

愛知県で、広域避難者への支援団体の一翼を担ってきた生活協同組合コープあいち。もともと生協は、資本家や商人たちによるごまかしに対抗し、良質な商品を適正な価格で購入するために、消費者がみんなでお金を出し合ってつくった組織。つまり、問題を抱えた当事者による、当事者のための組織が生協である。これまでさまざまな問題を、みんなで力を合わせて、協同することで解決してきた。当事者の立場で問題解決に向かう、それこそが生協の本質なのかもしれない。

「しかし同時に、広域避難者の方々の抱えるさまざまな問題は、生協だけでは到底解決できるものではなく、多くの団体や専門家と手を取り合うことが不可欠です。このような避難者を支える連携を積み上げることで、生協だけにとどまらない、新たな協同の形を検証することにつながっていきます」と向井さんは主張する。

何よりもこのような問題解決に向けた関係づくりは、東海・東南海地震が予想される東海地方にある愛知県では、特に、防災の観点からも非常に重要だ。この連携を日常のくらしに落とし込むことで、それが非常事態への対応にも生かされ、社会の抱える問題解決へ向けた大きな力にもつながっていく。

そう考えていくと、ほかの地域から愛知県にやって来た広域避難者の方々は、日常の中ではなかなか連携できない組織や団体、個人をつないでくれる、扇の要のような役割を担っている存在。支援者たちは、広域避難者に対して何がしかを与える立場のように思えるが、実のところ、多くの団体が結束して社会全体に協同の力をつくるための、大いなるきっかけをもらっているのかもしれない。

III部

今後の被災者支援を考える

8章 震災復興支援をひとつに

二つの被災者支援の活動

これまで、「被災地交流ツアー」と「広域避難者の支援」を二本の柱として、コープあいちは震災復興支援を行ってきた。

被災地交流ツアーでは、組合員による実行委員会を立ち上げて、参加者が主体的に考えながら、活動する体制を目指してきた。同時に、被災地の方々と連携し、互いに学び合う相互交流の形も模索した。

また、時間の経過とともに、東日本大震災への関心が風化していく中で、どのように震災復興支援の活動を広げ、そこで得た学びを自分たちの地域に活かし、防災意識を高める取り組みにしていくかも大きな課題となった。

一方で、被災地交流ツアーと広域避難者の支援、この二つの活動をひとつのものとして、一丸となって取り組もうという機運も生まれていった。

この章では、主に愛知県で行われてきた、コープあいちの活動に焦点を絞りながら、これまでの流れを追っていきたい。

全国の連携が始まった広域避難者への支援活動

時は遡るが、二〇〇〇（平成十二）年、九月一一日から一二日にかけて降った大雨の影響で、東海豪雨水害が起こった。名古屋市内も浸水被害が起こるなど、大きな災害に見舞われた。めいきん生協（当時。現・コープあいち）は、水害被害の大きかった名古屋市西区の共同購入（宅配）センターに現地対策本部を置いて、組合員世帯のお見舞い訪問や地域住民への支援活動を行った。

当時、めいきん生協の常務理事だった向井《むかい》忍《しのぶ》さん（現・コープあいち参与）は、次のように振り返る。

「現ＮＰＯレスキューストックヤードの栗田《くりた》暢之《のぶゆき》さんから愛知県・名古屋市一体のボランティアセンターに人を派遣してほしい、と依頼を受けました。しかし、当時めいきん生協は、新川町ボランティアセンター（旧・新川《しんかわ》町、現・清《きよ》州《す》市）に組合員と職員を派遣してはいたものの、その要請には応えられませんでした。その後も、商店が水害に遭った地域で生鮮品の〝青空市〟も行いましたが、生協としてできる範囲にとどまりました」

二〇一一（平成二十三）年三月一一日に発生した東日本大震災。その直後に愛知県のボランティアやＮＰＯの有志によって「あいち・なごや東日本大震災ボランティア支援連絡会」は発足された。

その情報を聞きつけた向井忍さんは、「この〝国難〟ともいえる災害に直面し、今度こそ組織を超えて連携しなければならない」と思い、自ら連絡会を訪れてオブザーバーとして参加を願い出た。このような組織を超えた連携が実現したのは、過去の反省があったからこそといえる。

この連絡会のつながりから、岩手県気仙地域では炊き出し支援、タオル配布、そして被災地交流ツアーへと発展した。

そして、愛知県内では、発災からしばらくの間は、被災地への支援活動が優先されたため、二〇一一年六月に愛知県被災者支援センターの設立、そこでのコープあいちによる支援物資の配布や、各地で開催する各種交流会のサポートなど、重要な役割を担うようになっていった。

参加者主体の被災地交流ツアーを目指して

これまで被災地交流ツアーの企画内容は、気仙《けせん》地域に駐在するコープあいちの岩本隆憲《いわもとたかのり》さんが、現地の方々と調整をしながら決めてきた。

被災地は日々変化しているため、ツアー開催当日まで、下手をするとバスが訪問する直前まで、何をするのか、誰に会えるのかがわからない、ということも多かった。それでいながら、結果的にはしっかり内容が埋まり、濃密なツアーが成立していたのに、現地駐在を置いて、気仙地域の方々との密な人間関係を築いていたからにほかならない。ひとつの企画ができなくなれば、別の企画で補うなど、気仙地域の方々の協力を全面的に受けながら、被災地交流ツアーは、何とか継続してこられた。

このような現地駐在の重要性を認めながらも、被災地交流ツアーは、ツアーの参加者である組合員が主体となって、現地の方々と相談しながらその内容を決められる体制づくりが当初から模索されてきた。

「組合員が主体となる取り組みにすることは、非常に重要なことです。近年、コープあいちでは、お給料をもらっている職員がお膳立てしすぎて、組合員がお客さまになってしまう傾向があります。そのため、本来の組合員と職員の関係性が築けず、組合員が持つ力を発揮しきれないジレンマに陥っています」とコープあいちの岩本さんは話す。

もともと生協は、組合員がお金（出資金）を出して、それを元に商品を調達・供給する組織だ。出資金を託された職員は、組合員の願いを実現するのが役割ではあるが、サービスを提供する側、される側という単純な関係性ではない。組合員自身も、「願い」を実現するために職員と一緒に活動をするのが生協の本来の姿。組合員自身が考えて、主体的に行動し、多くの仲間とつながっていくことが組合員が本来持つ力を最大限に引き出し、世の中を変革するような大きな力につながっていくということだ。

これは何も生協だけに限ったことではない。何事においても、そこにかかわる本人が問題意識を持って、本気で考えなければ、創造性や熱意、人の輪の広がりは生まれない。

二〇一一年一〇月、一一月の第一回と第二回の被災地交流ツアーを終えた後、コープあいちでは参加者が集える場をつくり、さまざまな意見交換をしていった。そこで参加メンバーの中から代表者八人の実行委員会準備会メンバーを決めた。

それ以降は、この準備会のメンバーを中心に、交流ツアーの中身づくりや日程の設定など、より具体的な内容について話し合いが実施されていくことになった。準備会メンバーの中から、尾張《おわり》地域実行委員会の委員長に田中和範《たなかかずのり》さん、副委員長に高橋清美《たかはしきよみ》さんが選ばれている。

実行委員会での話し合いを経て、最初の二回のツアーは「復興支援ツアー」と銘打っていたが、その取り組み内容から、「交流ツアー」へと名称を変更。人と人の交流をより重視した取り組みが、意識されることとなった。

さらに、被災地交流ツアーの回数を重ねていく中で、受け入れてくれる気仙の方々と相談しながら中身を考えていく関係が生まれていった。

こうして気仙地域の方々と相互に交流しながら、被災地のニーズに合った形で、交流ツアー内容を組み立てていく体制が少しずつつくられていった。

個と個の支援で応援し続ける

被災地交流ツアーを通して、気仙地域の状況が少しずつ明らかになっていくにつれて、それぞれの方の心に寄りそい応援し続ける、個と個の支援が必要であることがわかってきた。

その実現のために大船渡《おおふなと》市在住の個人ボランティアである水野貞一《みずのていいち》さんは、「五〇円の応援隊になってください」と被災地交流ツアーの参加者に呼びかけている。

これは、被災地を訪れて出会った人の住所と名前を聞いて、ハガキを出してほしいということ。仮設住宅の方々の抱く孤独感を何とかしたいという気持ちが、水野さんにはあった。

ハガキを受け取った方は、見守られている、気に掛けてもらっていると、人と人のつながりを感じられる。一人ではない、誰かが見てくれている、と思えることは、生きる支えにつながっていく。

交流ツアーのこのような取り組みによって、愛知県と気仙地域の間で、さまざまな個と個のつながりが生まれていった。その中で、気仙地域の方々に電話や手紙による励ましを送ったり、個々のニーズを聞いて必要な物資を送ったり、さまざまな支援活動が行われている。


あるとき水野さんは、組合員のひとりにこんな言葉をこぼしたという。

「僕もね、気仙の支援にかかわっているけれども、ふとした瞬間に、くじけそうになることがあるんですよ」

普段はそんなことを、水野さんは決して口にしない。何かの拍子に、ポロリと本音がこぼれ落ちた。

「でもね、コープあいちの皆さんが繰り返し気仙に足を運んでくれて、応援してくれるから、またがんばろうという気持ちになれるんです」

被災地での活動は、被災地で暮らす支援者の方々によって支えられている。震災が起こった日から、彼らは支援活動を継続し、被災地で生活を続けている。そんな支援者の方へのいたわりと感謝の心も決して忘れてはいけない。

絵の力を通じて気仙地域にエールを送る

被災地交流ツアーに繰り返し参加する、コープあいち組合員の村田《むらた》きみゑ《え》さんは、七八歳の最高齢のツアー参加者である（二〇一四年一二月現在）。村田さんは、かつて小学校で図工専科教員として働いていた。その特技を生かして、現在、被災地で出会った人の似顔絵を鉛筆で描き、愛知県に戻った後、水彩絵具で彩色をして、郵便で送る活動を行っている。

「気仙地域の人々は、津波によって多くの人が写真を流されてしまい、自分の写真も持っていない人が多い。それならば、その方の似顔絵を描いて差し上げたら喜ばれるのではないだろうか」

そんな思いから、村田さんはこの取り組みを始めた。

「初めて描いてもらったと喜んでくれる人もいて、こちらが元気をいただく」と、絵の力を通じて気仙地域の方々にエールを送り続けている。

村田さんの描く絵を見ると、どこかほっこりとした優しい心持ちになる。この絵を、仮設住宅の方々はどんな思いで受け入れるだろうか。きっと、自分のことを描いてくれた絵

村田きみゑさんが、被災地の方々にお送りした似顔絵。

を通して、村田さんの想いや優しさに触れ、幸せな心持ちに包まれるのではないだろうか。実際に、仮設住宅の壁に似顔絵を貼っておられる方や、それがきっかけとなって村田さんと交流している方も多くいる。

これまでたびたび気仙地域に足を運んできた村田さんは、

「気仙の人々は、『温かい』『我慢強い』『義理堅い』『地域の協力体制が強い』。これが第一印象です。もし、愛知県で災害があったら、今度は私たちがお返しします、と言ってくださった気持ちが忘れられません。大都市ほど、近隣の人々とのかかわりが少ないといわれています。大災害が起これば、一人では生きていけません。私たちは、知らない人とも日頃から挨拶《あいさつ》を交わし、時には会話ができる関係をつくっていきたいものです」と、気仙の人々の印象とそこから得た学びを話してくれた。

村田さんは、最初の訪問時に住田町《すみた》の町長に言われた「私たちに同情するのではなく、ここから学んで自分の地域で活かしてください」という言葉を胸に刻み、現在、お住まいの愛知県北設楽《きたしたら》郡東栄町《ぐんとうえい》をはじめとした地域で、「ぼうさいカフェ」を開催するなど、気仙の方々の体験を伝えながら、地域の防災意識を高める取り組みを展開している。

「あなたは一人じゃない」という想いを伝える

被災地交流ツアーで生まれた取り組みが、全国の生協へと広がっていった事例もある。

二〇一一年一一月、いわて生協の組合員理事・飯塚郁子《いいづかいくこ》さん（現・監事・被災地支援活動担当）からコープあいちに、被災された方にクリスマスカードを贈る取り組みへの協力依頼があった。もともとはコープあいちの被災地交流ツアーに参加した組合員の、「被災地のことを思うと、お正月を心から楽しめません。年賀状は今年亡くなった方が多いので出せないが、クリスマスカードなら贈れる。心の支援ができないでしょうか」という発言がきっかけだという。

被災地が初めての長い冬を迎える時期に、現地生協のいわて生協から相談を受け、この取り組みが実現することになる。

コープあいちが組合員に呼びかけたところ、二週間足らずの募集期間だったにもかかわらず、五六〇三枚のカードが集まった。

瀬戸《せと》市に住んでいる組合員からは、

「現在は闘病中ですが、私も震災復興に何かお手伝いができないかなあと思い、体調のいいときに家族に協力してもらって『つまようじ入れ』を作りました」と、自身が苦しみながらも、被災地への切なる想いを込めて作った、つまようじ入れ二五〇個が届けられた。

二〇一二年の新春には「ひな祭りカード」を贈ったところ、被災者の方から、「ひな祭りカードありがとうございました。いただいたカードはすぐ玄関に飾らせていただきました。津波で家族を亡くした私を励ましてくれるような気がします」という返信があった。

さらに七月には、「七夕カード」を贈る取り組みへの協力依頼へとつながり、「いつも心にとめています」「忘れません」「これからも応援し続けます」などの想いが、繰り返し届けられることになる。

「被災された方たちに、少しでも元気になってほしい。震災から生き残ることができたことを、決して悲観してほしくない。あなたは一人じゃない、誰かがあなたを見守っているということを伝えられたらと思っています」と飯塚さんは話してくれた。

二年目からは、春の「ひな祭りカード」、冬の「クリスマスカード」は、全国の生協にも呼びかけられ、この取り組みは広がっていった。

震災支援は、ある時期から、どんな支援をするべきか相互に見えなくなることがある。そんな中で、現地生協が考え、積極的に支援生協の力を引き出し、協同の力につながっていった典型事例といえるかもしれない。

すきまを埋めていく復興

被災地交流ツアーは、必ずしも、目に見えるわかりやすい形での大きな成果といえるものを生み出していない。しかしながら、被災地の方々からは、今後も足を運んでほしいと要請がある。実際に被災地に足を運んだ人は、その意義を感覚的に理解できる。

しかし、被災地に行っていない人に対して、その意義を説明するのは、とても難しい。ともすれば、現地に行かずとも効果的な支援の仕方があるのではないか、もうそろそろ震災復興支援から引き揚げたらどうか、そんな議論に発展していきかねない。

ただし、それはどちらが正しい、間違っている、ということではないように思う。そこに置かれた立場や責任、経験、価値観などによって生じる相違だ。全ての人が同じように共感することは難しい。

震災から一年八カ月ほどたった、二〇一二（平成二十四）年一一月の被災地交流ツアーの中で、大船渡市赤崎《あかさき》町で地元の人々と復興計画づくりを進めている神戸大学大学院の松《まつ》岡広路《おかこうじ》教授は、次のような話をしてくれた。

「震災直後は、被災地へ行く学生たちに、無理に被災者の人々と話そうとしなくてもいい、今はまだ話したい時ではないかもしれないから、と伝えました。しかし、時間の経過とともに、被災地の人々は少しずつ重い口を開き始めています。被災地の人々が語る言葉に耳を傾け、心に寄りそう時が来ているのかもしれません。阪神・淡路大震災の復興支援の体験からも、次に必要となるのは、現地の人々と交流しながら地道に行っていく『すきまを埋めていく復興』です」

コープあいちが行ってきた被災地交流ツアーは、たとえ時間はかかっても、個と個のつながりをつくりながら、被災地の問題を一緒に考えていく活動スタンス。それはまさに、松岡教授の話す、「すきまを埋めていく復興」の典型といえる。

必ずしも、大きな成果は出せないかもしれない。しかし、行政では行き届かない、すきまを埋めていく復興は、被災地の人々の心の支えとなり、被災地の方々の復興の力につながっている。そして、人と人のつながりによる支援であるからこそ、簡単にそのつながりを切ることはできないし、相互に豊かな学び合いや信頼関係が生じている。

自ら立ち上がる原動力をつくる

愛知県で行われてきた広域避難者の支援の活動を進める中で、専門的な分野であったり、複数の問題が絡み合っていたり、世の中のグレーゾーンの問題に数多く直面する。そこで、そんな複雑な問題解決のために、専門家と連携した「パーソナルサポート支援チーム（PS支援チーム）」を立ち上げることとなる。

毎週行われるPS会議では、避難者の抱えるさまざまな問題について、話し合いが行われている。避難者の中には外国人の方もいれば、夫婦が不仲の方、障がいを抱えている方もいる。いくら専門家が集まっていても、現実の問題は複雑に絡み合い、そう簡単に解決できるものではない。

世の中には、ありとあらゆるボーダーラインが存在する。そして、現在の社会では、相当数の人が、何かあればすぐに危機的な状況に転落してしまいかねない状況にある。たとえば、日常生活と生活保護との間にあるボーダーライン。もはや貧困は他人事ではなく、仕事を失ってしまえば、明日にでもわが身に降りかかる問題となっている。

このPS支援チームによる試みは、避難者の支援にとどまることなく、まさに現在の社会が抱える問題に直結していることがわかる。

しかしながら、人はどんなに厳しい状況に置かれても、希望を見いだし、前向きに生きようとすることもできる。しかし、孤立した環境の中で、希望を抱くのは難しい。どこともつながっていない、そんな孤独感こそが絶望の正体なのかもしれない。

だからこそ、愛知県被災者支援センターでは、一度できた個と個のつながりは、決して途切れさせることなくつながりを維持しようとしている。

くしくもそこには、被災地交流ツアーが目指す、個と個のつながりを大切にする姿勢と重なり合うものがある。

今、被災地の支援で求められているのは、時間の経過とともに変わっていく被災地の人々の気持ちをくみ取り、一緒に復興を目指していくパートナーの存在だ。同じく、故郷を失い全国各地での生活を余儀なくされている避難者の方々も、直面する困難の中で寄りそい、話を聞いてくれ、相談に乗ってくれる方の存在が求められている。

何らかの困難に直面した人が、そこから抜け出すのにまず必要なものは、近くに寄りそってくれる〝友〟の存在なのかもしれない。

目の前の問題を一瞬のうちに解決できるような大きな力はないかもしれないが、少なくとも見守っていてくれる。そして、自分のできる範囲で、小さな支援をしてくれたり、応援してくれたりする。そんな姿から人は元気をもらって、自ら立ち上がろうとする力を生み出していく。自分は一人ではない、支えられていると感じられること、それこそが人が困難に立ち向かう原動力となっていく。

二つの震災復興支援をひとつに

コープあいちがこれまで展開してきた被災地交流ツアーと、広域避難者への支援とを、同じ震災復興支援として、一緒に行っていこうという動きも出てきた。

二〇一二年一二月九日、愛知県名古屋市にあるワークライフプラザれあろで「学びと交流 with 三陸気仙《さんりくけせん》友人が語る陸前高田のいま」が開催された。

この取り組みは、ゲストを招いて、被災地の現状を語ってもらうというもの。会場には、コープあいちの組合員と職員、外部からのゲストなど、約五〇人が集まった。

この会の運営には、被災地交流ツアーの実行委員会のメンバーも企画段階から参加し、司会進行も務めた。

第一〇回の被災地交流ツアーの報告として、尾張地域実行委員会の委員長である田中和《たなかかず》範《のり》さんは、次のように話した。

「実際に現地に赴きお話を聞く中で、NPOの活動でも行き届かない支援があることがわかりました。今、大きく四つのことが被災地で求められていると思います。それは、『小規模の仮設住宅やみなし仮設の支援』『被災地の方々の心のサポート』『地元を活性化させる取り組み』『被災地とのつなぎ役となる人物』です。第一〇回のツアーから、組合員もツアーの企画づくりに参加し始めました。二〇一三（平成二十五）年以降は、より組合員が積極的にかかわり、考え、進めていくことで、より良い形の取り組みができるようにしていきたいと思います」

この日、ゲストとして陸前高田市からお招きしたのは、特別養護老人ホーム高寿園《こうじゅえん》で、管理栄養士をしている菅原由紀枝《すがわらゆきえ》さんだ。

丘の上にあり津波の被害を免れた高寿園は、陸前高田市で二番目に大きな避難所となり、千人を超える人を受け入れることとなった。菅原さんは、管理栄養士として現場を統率し、全ての人の命をつなぐために食事を提供し続けた。その貴重な経験は、今後の防災対策に、多くのアイデアやヒントをもたらすものだった（40ページ参照）。

もう一人のゲストは、鶴島道子《つるしまみちこ》さんだった。陸前高田市で津波を体験した時のエピソードと、さらに、愛知県知多《ちた》市へ移住してからの広域避難者としての生活について話してくれた（31ページ、192ページ参照）。

この会は、コープあいちがこれまで取り組んできた震災復興支援における象徴的な取り組みといえる。

菅原さんとは、被災地交流ツアーを通して、つながりが生まれた。そして、鶴島さんとは、広域避難者の支援を通して、つながりが生まれた。実は、菅原さんと鶴島さんは、もともと陸前高田市の荒町《あらまち》出身、顔なじみの関係であることは、後からわかったことだったのだ。

つまり、コープあいちがこれまで行ってきた二つの支援活動が、お二人の存在を通して、つながり合った瞬間でもあった。

さらに翌月、年が明けた二〇一三年一月二四日、同じ会場で「地域をつなぐ交流会」が、主催・コープあいち、協力・愛知県被災者支援センターで開催された（１８０ページ参照）。

この交流会については、すでに前項で紹介しているが、愛知県で避難生活をされている五人の広域避難者の方々に、現状をお話ししてもらうという試みだ。会場には被災地交流ツアーに参加してきた組合員の姿もあった。大震災の問題は、被災地だけでなく、自分たちの暮らす地域にもあるということを強く意識させられることとなった。

これまで別々の取り組みとして行われていた、被災地交流ツアーと広域避難者の支援を、連携させながら取り組もうという動きが少しずつ形になり始めていた。

二つの取り組みに共通する、個と個がつながり合える仕組みは、震災復興支援という枠を超えて、人と人が支え合える社会の仕組みへと発展していける可能性も秘めている。

新たな震災復興支援の形を模索

震災復興支援の取り組みは、一部の組合員や職員が熱心に行いつつも、全体での広がりがつくりきれていないという問題を抱えていた。

組織を挙げて〝一枚岩〟で行い、広がりを持たせていくには、まずコープあいちの幹部層が、その取り組みの意義を共有しておく必要があった。

そこで、震災から間もなく二年を迎えようという二〇一三年三月五日、コープあいちの幹部が集まる経営執行会議の中で、「被災地・被災者の現状を知り、今後の進め方を話し合う」ためのパネルディスカッションが開催された。幹部が一堂に会する場で、震災復興支援について話し合うのは、これが初めてだった。

このパネルディスカッションで登壇したパネリストは四人。それぞれが被災地交流ツアーと広域避難者への支援、この二つの取り組みについて次のように語ってくれた。

大船渡市の個人ボランティア・水野貞一さんは、この間、コープあいちが続けてきた被災地交流ツアーの取り組みをサポートする立場から話した。愛知県被災者支援センターの瀧川裕康《たきかわひろやす》さんは、同センターの取り組みの中で、重要な役割を担うコープあいちの活動の意義について報告した。陸前高田《りくぜんたかた》市から愛知県知多《ちた》市に避難した鶴島道子さんは、被災者として、そして広域避難者としての思いを伝えた。最後に、被災地交流ツアーの尾張地域実行委員会副委員長の高橋清美《たかはしきよみ》さんは、被災地交流ツアーの意義について、参加者という立場から発表した。

高橋清美さんが被災地交流ツアーに参加したきっかけは、義母が岩手県大船渡市に住んでいたことだった。東日本大震災が起こった時、義母は水を持って裏山に逃げ、かろうじて津波の被害から免がれた。

東北のために何かしたいという気持ちを抱いていた高橋さんは、たまたまコープあいちの被災地交流ツアーの参加者募集のチラシを見つけ、参加することとなった。

「現地の方から、『学んでいってけらいや』という言葉を掛けられました。大きな被害を受けた故郷の姿を、多くの人に見て学んでほしいという、現地の方々の大きな心を感じました。海に面し、いつ地震が起きるともわからない東海地方にとって、被災地をめぐる交流ツアーは、まさに災害による教訓の〝学びの場〟なのです」と高橋さんは交流ツアーの意義を話した。

最後に、コープあいち副理事長の中野正二さん（現・顧問）がまとめの言葉を述べた。

「東日本大震災による甚大な被害を目の当たりにし、『協同組合は何ができ、どういう存在でいなければいけないのか』を学ぶために、被災地交流ツアーを実施してきました。しかし、その全体像を必ずしも職員や組合員に伝え切れていないという問題を抱えており、今回の経営執行会議での発表が取り組みを広げる契機になればと思います。また、県内にいらっしゃる避難者の方々を見ても、一人ひとりがここに来た事情、抱えている問題、想いは違っています。そこに寄りそいながら、自立を支援していくことを通して、コープあいちが地域でやるべきことが見えるようになるのではないでしょうか」

助け合いの組織である生協において、震災復興支援と事業は一体である。そして今後も、被災地と被災者への継続した支援の必要性を、中野副理事長は強調した。

被災地での活動を報告する職員全体集会

さらにその一カ月後の二〇一三年四月、これまでの被災地交流ツアーや広域避難者への支援の取り組みを全職員に報告し、共有していくために、コープあいちの全ての職員が参加する「職員全体集会」の中で、震災復興支援の取り組みが報告されることとなった。

しかもその方法は、これまでの取り組みを通して、深い交流を持つことになった岩手県の方々を招いて、直接、職員に語りかけてもらうというものだった。

四月一四日に名古屋国際会議場で行われた職員全体集会には、宅配事業と福祉事業の職員約八〇〇人が参加している。そして、四月一七日には、店舗事業の職員約四〇〇人が参加した。

この職員全体集会では、岩手県気仙地域の方々だけでなく、岩手県北部の沿岸にある宮古市からいわて生協の理事である香木《こうのき》みき子さんと、いわて生協の店舗・マリンコープDORA《ドラ》の統括店長・菅原則夫《すがわらのりお》さんをお招きした。

ここでは、そのお二人のお話を取り上げさせてもらう。

被災地では格差が生まれている

いわて生協　宮古コープ　組合員理事　香木みき子さん

被災した地域では、買い物に不自由するなか、全国の生協の皆さん、コープあいちの皆さんにご寄付をいただき、四台目となる移動店舗「にこちゃん号」を陸前高田市で運行できることになりました。

今、被災地域では、仮設住宅に暮らす人と、家を建てた人の間に溝が生まれていることが大きな問題となっています。そこに移動店舗で訪れることで、トラックを待つ間、井戸端会議ができるようになってわだかまりが消えたり、人々が交流する新たなコミュニティーが生まれています。また、杖《つえ》をついてくるおばあちゃんの荷物を家まで運んであげるなど、昔はよくあった助け合いも再び生まれています。

時間がたつにつれて、テレビの報道も減る中で、仮設住宅の方々にたくさんの「クリスマス、ひな祭りカード」を贈っていただき、「自分たちは忘れていないよ」という思いを届けていただきました。また、仮設住宅で開催するお茶会などで出すお菓子を購入するための募金も頂戴しました。このお金で、被災している地域のお菓子屋さんでお茶菓子を購入し、ふれあいサロンなどのお茶会で利用させていただいています。

震災から三年目を迎えました。今、被災地では格差が生まれています。経済力のある人は家を建て、仮設住宅を出ています。高齢者や経済的な弱者の方たちが取り残されているという現状があり、今、その方たちに寄り添うことが大事になっています。

いわて生協でも、人々が集まれる場を提供する「ふれあいサロン」を開催するなど、心に寄りそう支援をしています。しかし、いわて生協も大きな組織であるため、なかなかスピードが上がらないこともあります。それを震災直後から感じていたのが、菅原店長です。スピード感を持って地域の企業や人々を、商品を通じて支援していくために、「かけあしの会」を発足しました。それについては、菅原統括店長にお話ししてもらいます。

復興のスピードを上げるために

いわて生協　マリンコープＤＯＲＡ　統括店長
かけあしの会代表　菅原則夫さん

震災の前は、自分はろくでなしの店長でした。罵声《ばせい》を浴びせ、業績だけは挙げてきました。しかし、この震災を経験することで、考え方が大きく変わりました。自分たちは、たまたま生かされた。自分にできることは何だろうか。少しでも速く動くことで、先回りして命を守れないだろうか。地域の人々に仕事をつくり、いくらかでも生活の足しにしてほしい。そんな思いを抱くようになりました。

しかし、スピードを上げて復興に取り組まなければいけないにもかかわらず、組織が大きくなるほど、簡単には動けない。何をやるにしても、計画書、報告書が必要になります。もっとスピードを上げて支援に取り組まなければ手遅れになる、そんな思いから「かけあしの会」を発足しました。

五人で発足したこの会は、三人が賛成すれば「やる」というルールを設け、一カ月に一回のペースで新商品を開発しています。これまで、全国四〇カ所のイベントで販売活動をしてきました。その中で、全国の生協の皆さんに助けていただいています。一回会うのは誰でもできます。三回、四回、五回、六回と、繰り返し会っていることに、協同の力を感じます。

誰かのためにやっていることは、誰かが助けてくれる。もし、お金が必要であれば、そのときはお金は集まってくるものです。そのことを今の取り組みを通して実感しています。コープあいちの「きずなフェア」でも、このような「かけあしの会」が手がけた商品を取り扱ってもらっています。このつながりも、タオルが最初のきっかけです。全て思いがあって、作っている商品です。「きずなフェア」で商品を利用してもらうことで、支援してもらい、皆さんと一緒に前に歩いていきたいと思っています。

われわれの商品を買ってもらえるかどうかは、何よりも現場の力にかかっています。商品の売り場を魅力的につくってもらったり、ポップを書いてもらったり、商品改善のアイデアをいただいたり、そういった地道な現場の力が人の心を動かしていきます。

生協職員であることに誇りを感じる

全職員が集まったこの場で、この間、コープあいちが愛知県被災者支援センターと共に行ってきた、お米などの支援物資を避難者にお届けする取り組みについても報告された。コープあいちの全戸訪問の取り組みは、ただ物資を届けるという役割だけでなく、避難者の方々が現在抱えている悩みや思いを傾聴し、今後の避難者の方への支援のあり方を考えるうえでも重要な役割を担っていることを確認し合った。

この日、職員全体集会に参加した職員からは、「生協職員であることに誇りを感じた」「生協で働いていて本当によかった」という多くの感想が寄せられた。普段の業務や研修でも、このような感想はなかなか得られるものではない。震災復興支援は、事業体としての生協にとって、必ずしもそれ自体が本来の目的ではないという意見もあるだろうが、組織の存在意義を高め、そこで働く職員の誇りを育んでいく、確かな手応えを感じることができた。

コープあいちは二〇一〇（平成二十二）年三月に、めいきん生協（名古屋勤労市民生協）とみかわ市民生協という二つの生協が合併してできた生協だ。コープあいちとして新たに歩み始め、合併から一年足らずのときに、東日本大震災が起こった。

「被災地交流ツアー」と「広域避難者への支援」、この二つの取り組みをさまざまな形で支えてきた、コープあいち執行役員の牛田清博《うしたきよひろ》さんは、次のよう語る。

「この二つの活動の中から見えてくる問題は、自分たちの地域の問題そのものに直結しています。この震災にまつわる支援は、二〇一〇年に二つの生協が合併して誕生したコープあいちの〝原体験〟となり、今後の軸をつくっていくうえで、大きな影響を及ぼすと思います。今は、被災地の皆さんや広域避難者の方々、支援に参加している組合員、各種支援団体の方と共に、さまざまな問題解決のために、試行錯誤しながら進んでいる段階です」

お互いに学び合う「相互交流」を目指す

二〇一二年秋の被災地交流ツアーに向けて、コープあいちの組合員からなる実行委員会と、気仙地域の方々による現地実行委員会とが、相互に交流しながら、被災地のニーズに合った形でツアーを組み立てていく体制を本格的に目指すことになった。

この頃から、被災地交流ツアーの内容を決めたり、イベントの司会進行に加わったり、実行委員会が積極的にかかわるようになっていった。

また新たに生まれた「相互交流」というテーマに沿って、愛知県から岩手県気仙地域を訪れるだけでなく、岩手県からも愛知県にお招きし、相互に学び合おうという方針もまと

名古屋国際会議場で行われたコープあいちの職員全体集会。

まった。

このような流れの中で、先ほど取り上げた「職員全体集会」が行われた日の午前中、岩手県からお招きしたゲストの方々に、愛知県を視察してもらうことにした。

訪れたのは愛知県安城市《あんじょうし》。人口一八万人、環境や福祉の取り組みを積極的に推進しており、現在も人口が増え続けている珍しい市だ。市内には八つの拠点があり、ボランティアによるさまざまな福祉活動が行われている。また、公民館活動にも力を入れており、古くからいる住民と新しい住民が交流するなど、地域コミュニティの点でも学ぶことが多い。さらに安城市は「日本デンマークＡＮＪＯ」をキャッチフレーズにする農業の先進地域でもある。
一行は、安城市の商店街に移動した。ここは日本三大七夕まつりのひとつ、安城七夕が開催される場所だ。ここでバスを降りた一行は、商店街の中にある「南吉《なんきち》館」を訪れた。ここは、児童文学者である新美《にいみ》南吉にまつわる資料を展示してある、南吉の生誕一〇〇年を祝う喫茶店だ。東の宮沢賢治《みやざわけんじ》に対して、西の新美南吉とも呼ばれる、児童文学の双璧をなす二人を通して、岩手県と愛知県を結ぶ文化的な交流をした。

ここでは、安城七夕まつり協賛会の小島祥次《こじましょうじ》さんからお話を伺うことができた。震災のあった二〇一一年、「大船渡盛《さかり》町灯ろう七夕まつり」は開催が危うい状況。そんな中で、安城七夕まつり協賛会（事務局：安城商工会議所）として何か支援ができないかと、山車の製作支援などを行うことになった。

「実際に山車の製作に携わりましたが、同じ七夕まつりでも、山車の構造がこんなに大きく違うのかと驚きました。また、漁師が多い大船渡のお祭りは、威勢が良いのにも本当にびっくりしました」と小島さん。

さまざまな団体からの支援と大船渡の人々の努力が実を結び、「大船渡盛町灯ろう七夕まつり」は、無事開催できる運びとなった。さらに、そのお礼として翌二〇一二年には、「大船渡盛町灯ろう七夕まつり」の山車が、「安城七夕まつり」に登場している。大船渡市盛町の七夕まつりと安城市の七夕まつり、二つのお祭りがつながる感動的な出来事だった（145ページ参照）。

岩手県の皆さんは、愛知県をより深く知る機会につながり、愛知県と岩手県の間にうまれた絆を再確認することとなった。

地域における防災の取り組み

被災地交流ツアーや広域避難者への支援での学びを経て、被災地の経験を愛知県の防災に活かそうという気運が高まってきた。

組合員の自助の力を身につけるための「学習会」や「ぼうさいカフェ」などの取り組みが、二〇一三年度、愛知県全域で全一一回開催されている。この数は二〇一一年の震災以降、最も多い数だ。

震災復興支援の地道な活動が実を結び、愛知県内にも災害に対する防災の意識が少しずつ浸透してきた表れといえるかもしれない。

実際に「ぼうさいカフェ」ではどのようなことが行われているのか。二〇一三年六月五日に行われた、愛知県一宮《いちのみや》市での「ぼうさいカフェ」の様子をのぞいてみたい。ここでは、実際に震災が起こったことを想定し、次の四つの流れの中で、地図上での避難活動をしていった。

①震災速報が流れた！　一〇秒で地震がくる！　そのときあなたは？
②揺れているときどんな行動をしますか？
③揺れがおさまったときは？
④三〇分後は？

そんなシミュレーションの中で、子どものことを真っ先に考えて行動するものの、まずは自分が助からないと子どもも助けられないという気づきを得る。

さらに、自分の住む町を知るために、地図に大きめの道路、川、避難所、津波の際に逃げ込める高い建物、病院、公衆電話、食料を売る店舗などを、マーカーで印を付けていった。「高速道路が地図の真ん中を横断しているので、崩れてこないか心配」「病院や食料を確保できるお店が少ないのが心配になった」など、改めて自分たちの暮らす地域のことを再確認する場となった。いざというときの備えや対策を事前に行っておくことで、災害が訪れても、冷静に対応できるようになる。

二〇一三年三月一三日には、愛知県海部《あま》郡蟹江《かにえ》町でも「ぼうさいカフェ」が開催されている。ここでも同じように地図を使ったシミュレーションをし、道路、川、避難所、病院などを色分けし、さらに高齢者、赤ちゃんのいる家などをチェックしてから避難行動を行った。さらに、アルファ米、きな粉餅、いそべ餅など非常食の試食も行っている。

蟹江町は海に近く海抜が低いために、一九五九（昭和三十四）年の伊勢湾台風で大きな被害に見舞われた地域だ。防災の視点から地図を見ると、蟹江町は絶望的な立地だった。避難所が中州や海抜ゼロメートル以下の地域にあるなど、「果たして避難所に逃げよいものかどうか」という疑問も生じた。同時に、そんな土地だからこそ「つながる・ひろがる」ことが大事だと再確認したという。

海に面している愛知県に津波がくれば、岩手県と同じような大規模な被害が起こりかねない。だからこそ、被災地の方々が経験した、貴重な震災の体験を生かさなければいけない。それらの経験を活かすためには、「ぼうさいカフェ」のように、いざ災害が起こったときの対策を事前に考えたり、地域の防災について考えたりできる集まりが重要になってくる。そしてゆくゆくは、市町村も巻き込んで、地域全体で連携しながら、防災の意識を高めていく必要性がある。

防災カフェの中には、被災地交流ツアーに参加し、被災地の様子や被災地の方からお話を聞いてきた組合員が行うものもたびたび開催されている。地域の防災に役立てる試みは、被災地交流ツアーの大きな役割のひとつとなっている。

9章 被災者と共に歩む

今後、被災地とどのように関わり、どのような支援をしていけばよいのか。また、広域避難者とどのように関わりながら、どんな活動を展開していけばよいのか。この章では、今後の支援の行方について考えていきたい。

これからの支援に求められること

そのヒントの一端は、岩手県気仙地域と名古屋市の両方で活動してきた、名古屋市の保健師・日高橘子《ひだかきつこ》さんの言葉の中にあるかもしれない。

東日本大震災における津波で、市庁舎が壊滅した岩手県陸前高田《りくぜんたかた》市では、職員四四三人のうち一二人が津波のため死亡・行方不明になった。保健師は九人態勢だったが六人が亡くなり、三人になってしまった。

そこで、名古屋市は四月下旬に、第一陣の職員一〇人を陸前高田市に派遣。その中の一人が日高さんだった。阪神・淡路大震災でも現地入りした経験がある日高さんは、一年間、市外の旅館に滞在して支援活動を行った。

主な活動内容は、陸前高田市のお年寄りや妊婦の体調を確認し、悩みを聞き、介護や入通院の必要性を見極めること。津波によって壊滅的な痛手を受けた直後の被災地で、災害弱者の方たちの健康を日高さんは見守ってきた。

一年間の任期を終えて、名古屋市に戻ってからも、日高さんは陸前高田にたびたび足を運び、復興の進展を見守ってきた。

「二〇一四（平成二十六）年五月のゴールデンウイークも、陸前高田に行きました。復興が進む中で、全国から支援に来ている人も入れ替わり、仮設住宅から出て自立する人も出てきたり、人の流動化が起こっていますから、市役所などに行っても、驚くほど知っている人に会いませんでした」

もとより震災前と比べると、死者や移住者などを含め、陸前高田の人口は五〇〇〇人近く減っている。仮設住宅には、経済力のないお年寄りが残される傾向もある。このような中で、地域の人と人のつながりが希薄になり、孤立化が起こりつつあるということだろう。

同年九月に、陸前高田市では最初の災害復興公営住宅が完成している。しかし、全ての人が復興住宅に入れるようになるには、さらに数年の月日を要する。

「さらに、ここで危惧《きぐ》されるのは、災害復興公営住宅へは弱者から優先して入居することになっていますが、この方法では地域のリーダーとなる人材がいないため、地域コミュニティーが働きません」と日高さん。さらに、今後の被災地支援の考え方について、

「これからの被災地への支援は、被災地への物資を買うだけでなく、お金では買えない『心の支援』がより重要になってきます。被災地の方の生きがいにつながるような活動が求められます。被災者の方はかわいそうだとか、憐《あわ》れんでもらうことを期待していません。普通の人間としてお付き合いし、その中で自然に出てくる被災体験を聞いて、共感してあげてください」と話す。

日高さんの言葉からも、コープあいちが行ってきた被災地交流ツアーのような繰り返し被災地を訪問する活動や、愛知県に被災地の方を招く活動が、より求められてきているこ とがわかる。

「これからも被災地へ出かけて、生の声から被災地ニーズを把握し、その変化に沿った支援を考えてください。そのような被災地との相互交流によるお互いの理解、成長をすることで、防災意識、地域づくりの必要性が理解できます」と日高さんは主張する。

日高さんは現在、保健師として、名古屋市の広域避難者の方々とも接している。そのつながりの中で、避難者の方たちが抱える問題の代表的なものとして、次のような課題を挙げている。

・故郷を捨てた罪悪感によるストレス
・今後の生活基盤の見通しがもてない
・転職による経済ダメージとストレス、不眠症
・被曝《ひばく》による健康障害、不安
・見知らぬ土地での地域からの孤立
・家族がバラバラになった生活

ここからも実に幅広い問題を、それぞれの方が抱えていることがわかる。避難者の方に今求められるのは、「自助による情報交換活動」と「心のケア」だと日高さんは語る。地域の方と交流したり、広域避難者の方同士での情報交換の機会を持ったり、自らが積極的に立ち上がっていく環境をつくっていくことが求められる。

「われわれ保健師は、健康調査という名目で地域を巡っていますが、見ているのは身体の健康だけではなく、実はその背後にある生活です。『心のケア』が必要な方を察知し、支援につなげることが重要だと考えています。広域避難者の方も同じです。物資の提供や健康調査などの名目で訪問し、お話を伺いながら必要性を見極め、しかるべき支援につなげていくことが大事なのです」

愛知県内の避難者の方の中には、こちらから電話をしたり、訪問したりしても、「われ

われは避難者ではない」と頑《かたく》なに言われる方や、はなからかかわり合いを持ってくれない方も中にはいる。

「本当に支援の必要がなければよいですが、実は支援が必要な方もいます。相手に断られても、こちらからかかわり続けるしかないと思います。たとえば、最初に行った日から三カ月後に、もう一度電話をしてみる。『忘れていないよ、見守っているよ』という気持ちが伝われば十分です。それをやめることなく続けていくことが大事。タイミングがうまく合ったときに必要を感じてもらえ、つながりを持てるようになるかもしれません」と、日高さんは貴重な助言をくれた。

被災地の人同士が支え合える復興を目指して

陸前高田市の、読み聞かせボランティアグループ「ささ舟」のメンバーである磐井《いわい》律子《りつこ》さんは、これまで被災地交流ツアーで何度も組合員と交流してきた。また、先ほどの日高橘子さんとも深い関係がある。磐井さんと日高さんのエピソードは、今後の支援を考えるうえで示唆に富んでいるため、ここで取り上げたい。

磐井さんは、震災前から学校読書ボランティアの活動をしていた。しかし、津波によって職員は亡くなり、図書館も流されて、絵本は一冊もなくなってしまい、活動を断念せざるを得なかった。「ささ舟」では、誰もが生きていくのが精いっぱいの中で、衣食住にまつわるボランティアを展開した。

震災から四カ月たった七月のある日、炊き出し支援で来ていたコープあいちの紹介で、支援団体である愛知県豊橋《とよはし》市の市会議員と磐井さんは顔合わせをした。それがきっかけで、後日、図書券の支援を受け、それをもとに盛岡市など内陸から当座の絵本を買い求め、少しずつ活動が再開できるようになった。また、名古屋市の図書館司書たちによる読み聞かせ研修や、図書の寄贈といった支援活動も「ささ舟」が支えた。

とはいっても、以前のように自分たちの力だけで活発に取り組みができていたわけではなく、支援者たちに依存しているところが大きかった。震災から一年たった頃、名古屋市の保健師である日高橘子さんは、「ささ舟」のメンバーにこう言った。

「そろそろ独り立ちしなさい。これからは読み聞かせが心のケアとして必要とされる。仮設住宅に住む高齢者を励まし、力になって」と声を掛け、それぞれに役割を課していった。

磐井さんは自宅を津波で流され、おばやいとこなど親戚一一人を亡くしていた。この言葉を聞いたとき〈私たちも被災者なのに……。励ましてほしいのは、むしろ自分たちのほう〉と強いショックを受けた。

日高さんは、その時のことを次のように振り返る。

「私たちがずっといられるわけではない。地元団体を育て、被災者同士が助け合う形をつくらねば、復興は遠のいていく」

日高さんは、自助の力がなければ復興は進まない、そんな使命感を持ちながら、あえて厳しい言葉を投げかけたのだ。

こうして「ささ舟」では、日高さんの仲介といわて生協の協力により、仮設住宅で読み聞かせの会を始めた。その取り組みを続けていくうちに、磐井さんは少しずつ日高さんの言葉を理解できるようになっていった。

「高齢の人たちが、自分たちよりもとても苦しい思いをしている。自分たちが寄りそえる意義を見いだすことができました」

最初三人だった「ささ舟」のメンバーは、発災から二年後には一三人になり、二五二カ所の会場で、一〇〇〇タイトルの紙芝居を中心としたさまざまな本を読み上げる活動を展開した。

震災から三年を迎え、「被災地ではまだ、自力再建や生計を立て直すことに精いっぱいで、完全に独立して地元の方が地元を助ける支援ができるまでに至っていません。仮設暮らしから抜け出すまで、もう少しだけ支えていただけたらありがたいと思っています」と、磐井さんはメッセージをくれた。

災害時における生協としての責任

いざ災害が起こったことを想定して、コープあいちも組織としてＢＣＰ（事業継続計画）を策定、マニュアルや体制を整備することが求められている。ＢＣＰとは、緊急事態においても速やかに事業を復旧させるための計画だ。ＢＣＰは策定するだけでなく、いざというときに機能しなければ意味がないため、普段から訓練をしておくことが求められる。

災害発生時、「食」を扱い県内のほぼ全域にインフラを持つコープあいちは、まさに人々の命をつなぐ役割を担っており、地域から非常に多くの期待が寄せられる。

その期待に応えるためにも、被災地生協の震災の体験から学び、共有することが求められている。次の内容はいわてて生協の気仙地域にある委員会組織「けせんコープ」での経験を、コープあいちに向けて簡単にまとめてくれたものだ。

①人命救助基地として大災害時に共同購入センターの果たす役割を真剣に考える必要がある（地域にお役に立てるとともに、働く職員や組合員の安心につながる）。

②震災後、職員が被災した方と接する時間が多く、苦悩する職員の想いは後回しになっ

た（発災直後からの「職員の心のケア」の必要性）。

③「被災した方と接する機会が多くなるので、簡単でも傾聴のスキルを学んでいることは、組合員の声を聴く活動に役立つ（被災地研修の意義）。

④けせんコープは震災前から地域の組合員同士のつながり（町内ごとの委員会）や、組合員と職員が一緒に行う活動があり、震災後の活動の基底になった。それができていない被災エリアは悲惨だった。生協職員は、地域のお役に立つとは何かを日々考え今後に備えてほしい。

⑤いわて生協を訪ねて、震災による被害への対策を学び始めている生協もある。気仙地域と深くつながったコープあいちが学ぶことには特別の意味がある。

コープあいちは、来るべき災害に備えて、助け合いの組織である生協として何ができるのか、災害が起こったときどのような状況に陥り、何をしなければいけないのか、そして、その教訓から事前に準備しておくべきことは何なのかなど、被災地生協から学ぶべきことが多く残されている。

また、全ての人が、災害が起こったときの備えを個人的にもしておく必要がある。名古屋市の保健師・日高橘子さんは次にように話す。

「七日間分の水・食料、自宅で生活できるグッズなどを確保してください。自助は七割、共助二割、公助一割です。特に持病がある人は、二週間分の予備の薬が必要です。女性特有の品物、ライト・笛など自分の身を守るもの、防犯的な行動は重要です」

災害に対しては、まずは自助の精神で、しっかりと備えをしておくことが何よりも重要だということが、被災地と密接にかかわり合ってきた日高さんのアドバイスからもわかる。

赤崎町の住民の手で「運動会」を開催

二〇一三（平成二十五）年六月八日から一〇日に開催された、第一二回被災地交流ツアーでのことだった。

「運動会を、開催しようと思っています。そこに、コープあいちの皆さんにぜひ参加してもらいたい」

大船渡《おおふなと》市赤崎《あかさき》町の公民館長・金野《こんの》律夫《りつお》さんからの投げかけだった。

復興が長期化し、いつ町に戻れるかわからない状況が続くなか、地域の人々の結束を強めるためにも、このようなイベントが必要不可欠であると考えたのだ。いよいよ現地の人たち主導による、復興へ向けた地域コミュニティー再生が動き始めたといえる。しかし、いざ運動会を実施しても、なかなか以前のようには人数が集まりにくい。そこで、コープあいちが参加することで、イベントをより盛大にしたいというねらいがあった。同時に、そのようなイベントをする際には、賞品などを用意するための資金も必要となる。

「公民館を維持するための電気代ひとつとっても、逼迫《ひっぱく》した状況にある」と、金野さんは現状を打ち明けた。金銭面での窮状を直接被災した方から聞くのは初めてのこと。これまで築いてきたつながりから、ようやくホンネを打ち明けてくれた瞬間だった。

赤崎町からもたらされた運動会支援の要請。これは、被災地の人々が、自らの意思で立ち上がろうとする動きでもあった。コープあいちは、この要請に応えることになる。

ただしこの時期、被災地交流ツアーを今後どのように進めていくべきか見直す時期に来ており、活動を休止していた。

そこで、二〇一三年一〇月一二日から一四日、「被災地気仙《けせん》研修」を実施。コープあいちの理事五人と職員七人が参加。さらにコープあいちのボランティア五人が、運動会の支援に入ることになった。

この研修の名目は、赤崎町の方々が開催する運動会をサポートするとともに、今後の被災地交流ツアーをどうしていくかを、理事会に参加する理事自らが被災地を訪れて考えるというものだった。

会場となった赤崎小学校は、津波によって三階まで水に浸り、しばらくは瓦礫《がれき》置き場となっていた。現在は建物を取り壊し、瓦礫も撤去されて、グラウンドになっている。赤崎町の運動会は、震災による影響と雨による中止で、実に五年ぶりの開催だった。

コープあいちでは、ジャンボ焼き鳥とお団子を作って、この日参加した赤崎町の方々へ振る舞った。また、被災地生協であるいわて生協にも声を掛け、ポップコーンと綿飴の店を出店してもらったところ、子どもたちに大人気で、行列ができていた。

この取り組みが実現したのは、コープあいちが申請した、コープ共済の地域支え合い助成金五〇万円が下り、これを運動会の運営に使うことができたことも大きい。

開会の挨拶《あいさつ》をした赤崎町公民館館長の金野律夫さんは、

「秋田県大仙《だいせん》市の大曲《おおまがり》中学校からいただいたメッセージ入りの手作り万国旗、ベルリンから赤崎小学校に支援いただいたさまざまな運動会用品、神戸大学、コープあいち、いわて生協のご支援によって、この運動会が実現しています」と感謝の気持ちを伝えた。

赤崎町の八つの地区から一五〇人を超える住民が集まり、一三種目の競技が行われた。年配の方と子どもが一緒に参加するパットゴルフ、器に水をくんで一升瓶をいっぱいにするレースなど、趣向をこらした競技が多かった。

誰もが無我夢中で競技に挑み、頭の中を空っぽにして、楽しんでいるように見えた。競技の中で誰かが転んだり、間違ったりすると、自然と大きな笑い声が起こった。どこにでもあるような、当たり前の風景が、束《つか》の間《ま》戻ってきた。そのなんとも懐かしく、心地よい空気が震災前の日々を思い起こさせ、時折涙を誘った。

生き生きと笑い合う赤崎町の人々の様子を、微笑《ほほえ》みを浮かべて眺めていた赤崎町公民館の金野律夫館長は、

「この運動会を通して、みんなが結束できたと思っています。この力を復興につなげていきたい。来年は、多くの子どもたちが参加できる綱引きや、トラック競技も取り入れて、より盛大に行っていきたいと思っています」と笑顔で語ってくれた。

運動会に参加するお母さんからは、「今、一番大変なのは、子どもの学校」という声が多かった。学校が遠くにあるため送り迎えの手間や、学校の教育環境が変化したことを心配する保護者が多いようだ。この時期新しい小学校ができるのは、二年後といわれていた（二〇一四年一二月現在、赤崎小学校は蛸《たこ》ノ浦《うら》小学校に併設されており、新しい校舎はできていない）。

次に多かったのは「住宅問題」。住宅の高台への移転は、後五年ほどかかるということだった。

赤崎町の復興計画への支援を行っている神戸大学の松岡広路《まつおかこうじ》教授は、「復興には時間がかかりますが、どん亀の赤崎でいいと思っています。この町には、本当に良いところがいっぱいあるんです。じっくり話し合って、少しずつ復興することで、必ず良い町になると信じています」と話してくれた。

その後、赤崎漁村センターでの親睦《しんぼく》会は、和気あいあいとした雰囲気の中で行われた。お酒を酌み交わして、神戸大学の学生や、コープあいちの理事と職員などの支援者が赤崎町の住民の方と親睦を深めた。

また、大船渡市の水産業者である鎌田《かまた》水産《すいさん》からサンマ五〇〇匹が提供され、焼きたてのサンマが参加者に配られた。

以前の運動会では、日本酒の〝利き酒〟を取り入れたレースや、煙草《たばこ》をバトンにしたリレーなど、常識にとらわれない、大人も楽しめる自由な競技も行われていたという。漁師の町であった赤崎の人々の豪快な気風がうかがえる。

親睦会は大変盛り上がり、赤崎町住民や支援者などによるリレートークが行われ、自己紹介と支援者へのお礼のメッセージが次々と述べられた。地域の結束力が強まり、復興への決意を新たにする、そんな雰囲気があった。

無我夢中で競技に挑み楽しんだ赤崎町の「運動会」。

しかし、こうして地域の結束が強まる一方で、この地を離れようと考えている人もいた。赤崎町のある男性は「こんなに盛り上がっている中で言い出しにくいが、実は、赤崎を去ろうと思っているんだ」と、大船渡市の別の地区に引っ越しを考えていることを話してくれた。

数年かかる復興を思えば、新しい土地で再起を図るほうが早い、と考えるのも仕方ないことだろう。笑い合う仲間たちの姿を眺めながら、故郷を捨てるような想いで、ほかの土地へ移ろうと考えている方の心中を察すると、なんとも切ない心持ちになる。

被災地気仙研修の一週間後の二〇一三年一〇月二〇日、赤崎町の人々が集まり、フラワーロード（花壇）づくりを行った。この取り組みは、「草で荒れ果てたままの地域に花を植え、地域みんなの気持ちを明るくしたい」という地元の高校生の声を受けて始まった。

この日、花の苗（パンジー・ビオラ・葉牡丹《はぼたん》など）、球根（チューリップなど）を、赤崎町の方々からなる赤崎復興隊と、赤崎中学校男子サッカー部の生徒と保護者とで植えた。

この花の苗や球根は、コープあいちがパイプ役となって、ＪＡあいち知多《ちた》とＪＡ愛知経済連に支援協力を要請したものだ。

今、被災地では、花壇に咲く花のような、人々の心を支える希望が求められている。本当にゆっくりとした足取りで、復興へ向かって一歩一歩、赤崎町は歩み始めている。

被災地支援の真価を気仙地域の人々に問う

二〇一三年の夏祭り以来、被災地交流ツアーは活動を休止し、今後どうしていくか、さまざまな検討が進められていた。

被災地交流ツアーが始まった最初の頃、被災地の生々しい傷跡を目にして、ツアー参加者たちも支援の必要性をわかりやすく感じ取ることができた。しかし、復興が進み、徐々に瓦礫が撤去されて更地になるにつれて、津波による被害の脅威や支援の必要性が、表面的には見えにくくなってきてしまっていた。また、世の中でも時間の経過とともに、震災復興支援への意識が風化しつつあった。

そこでコープあいちでは、これまで取り組んできた被災地交流ツアーの意義を、気仙地域の方々に聞いて、評価してもらうという取り組みを行った。困ったときは組合員（当事者）に立ち返るという、生協ならではの試みかもしれない。支援を受ける人たちが、支援をする側の評価をする、極めて珍しい調査だ。


これまで、コープあいちの組合員と交流してきた一〇人の気仙地域の方に意見を寄せてもらった。

その集まった声から見えてきたのは、被災地交流ツアーは、「外との交流」によって、新鮮なアイデアや価値観が入るだけでなく、「内との交流」をも活性化させている、ということだった。

外から誰かお客さんが来るとなれば、どのようにもてなすか、内側での話し合いの機会が増え、結束が強まる。住む場所がバラバラになり、結束が弱まっている被災地の方々のつながりを強化し、地域コミュニティーを活性化させる効果もあるということだ。

現地の方の声の中には、「途中で支援を放棄するのであれば、最初からやるべきではない」という辛辣《しんらつ》な声もあった。一方で、「コープあいちも事業体です。被災地のニーズも変わります。支援のあり方を考える時期かもしれません」という声もあった。

また、これまでの活動がもたらした成果も見えてきた。コープあいちの支援のあり方は、一方的なものではなく、常に現地の声を聞きながら展開してきた。その多くは、物資をただ支援したり、黙々と作業したりするのではなく、気仙地域の支援団体と交流したり、一緒に何かを考えて、そこから見えてきた不足をサポートする支援だった。支援物資の内容そのものからすれば、要らなくなった着物、手芸品の材料など、ささやかなものかもしれないが、結果としては現地の人が、現地の人々を助ける力を引き出すことにつながっていることもわかってきた。

現地の方からの声で最も多かったのは、「何度も足を運んでくれるため、忘れないでいてくれるという安心感があった」というものだ。個と個のつながりの中で、遠くから見守り続けてくれるという安心感は、ともすれば孤独に陥りがちな被災地の方にとって、大きな心の支えにつながっている。

被災地の方々は、日々復興に向けて前に進んでいるが、現地にいるとそのことがわかりにくい。外からやって来る人が、その変化を教えてくれることで、復興の進歩がわかるということだ。繰り返し来てくれるからこそ、次はここまでを目指そうと、現地の方もがんばれる。そんなこれまで取り組んできた支援の意義が見えてきた。

きた。

気仙三首長の声

気仙地域の三市町の市長・町長からコープあいちに向けてのコメントをもらうことができた。

陸前高田市の市長・戸羽太《とばふとし》さんは、

「震災から三年以上たっています。一方的に何かを支援してくださいと言うつもりはありません。ただ、これまで培ってきたコープあいちとの絆、愛知県の方との友情を、末永く続けていきたいというのが私たちの願いです」と話した。

岩手県で最大の被害に見舞われた陸前高田の中心地は、現在かさ上げ作業が進められている。毎年お盆に開催されている、コープあいちが支援し続けてきた「うごく七夕まつり」は、開催が危ぶまれていたが、二〇一四年も開催されている。

大船渡市の市長・戸田公明《とだきみあき》さんは、

「避難所での炊き出し、支援タオルの配布、被災地交流ツアーなど、被災直後から物心両面のご支援をいただきました。まだまだ復興までの道のりは長く険しいものであると思います。今後もどうか被災地の、大船渡市の復興のありさまを見守り続けてほしいと思います」と話した。

大船渡市は八つの町に分かれ、各町が公民館長を中心に話し合い、町の意見をまとめる結束力のある地域。その中でも、先に触れた赤崎町など、町全体が流される深刻な被害を受けた地域がある。今、自分たちの力で立ち上がろうとしているが、どうしても限界が出てくる。自ら立ち上がろうとする人々に寄りそい、自助の力をサポートする形で、コープあいちは支援してきた。

住田町の町長・多田《ただ》欣一《きんいち》さんは、

「コープあいちの皆さんが暮らしている愛知県も、東海・東南海地震による災害が心配される地域だと思います。今回の東日本大震災では、発災直後に人々がどのように行動したか、そして、どう行動するべきだったのかということが、さまざまに検証されたと思います。次の災害に備えて、愛知県の皆さんにも、この教訓をつないでいってほしいと思います」と話した。

内陸にある住田町は、津波の直接の被害は免れたため、陸前高田市、大船渡市への支援のために、支援者の拠点となった地域だ。また、震災直後に、町長の決断によって住田町には被災者のための仮設住宅が造られた。この仮設住宅は、自分たちの町の杉材を使い、住む人の立場に立って、長屋ではなく一戸建てにしている。この町長の英断は、テレビなどのメディアでも取り上げられ賞賛された。

気仙地域をはじめとした東北地方は、もともと過疎化や高齢化、少子化、格差、貧困など、日本が抱えるさまざまな社会問題が凝縮している場所。しかし、都会ではなくなりつつある近隣との濃く温かい人間関係や、昔からの風習や伝統文化も残っている。

気仙地域で一緒に復興に携わることは、「自分たちの地域をどのような町にしていくのか」「防災についてどのような備えをしていくか」「人間にとっての幸せとは何なのか」を考えるうえでも、非常に大きな価値がある。被災地交流ツアーによって繰り返し気仙地域を訪れることは、通常の生活の中では得難い、貴重な学びと実践の場を提供してもらえるチャンスでもある。

これまでの経験を通して、コープあいちと気仙地域の人々は、心と心の交流によってお互いの人生を豊かにする素晴らしい関係を築いてきた、といえるのではないだろうか。

コープあいちが仮設住宅への入居を許される

コープあいちの岩本隆憲《いわもとたかのり》さんは、二〇一一（平成二十三）年五月から気仙地域に派遣され、現地駐在として気仙地域に滞在してきた。もともとの持病もあり、岩本さんは体調を崩し、入院を余儀なくされたこともあった。そのときは、ＮＰＯけせん・まちの保健室の畑中幹子《はたなかみきこ》さんの助けを得て入院、九死に一生を得た。

「振り返ってみて、こうして活動を続けてこられたのは、コープあいちの組合員の想いを誰よりも大切に受け止め、それをほかの仲間に届けてくれた気仙の人々の支えがあったからです」と岩本さんは語る。

二〇一四年二月末、コープあいちは気仙地域で継続的に活動する中で地元の人々との信頼関係が深まり、陸前高田市高田町鳴石《なるいし》仮設住宅に、ボランティアとして特別入居する許可を陸前高田市からもらうことができた。

現地の駐在職員として気仙地域に滞在してきた岩本さんは、長期にわたって気仙地域の人々とかかわってきた者として、今、切実に呼びかけたいことがあるという。それは、「一人でも多くの組合員に、再び被災地（気仙地域）を訪れてほしい」ということだ。

岩本さんが残念だと感じているのは、緊急救援や物質的支援を経て精神的な次元に入った被災地の苦悩と実情は、被災地の皆さんの温かい心に直接触れなければ見え難く、被災地に足を運んだ人とそうでない人とで温度差が広がり、被災地から遠く離れた場所では、震災の記憶の風化が進んでいくのではないか、ということだ。

「生協の委員会や組合員活動の中での災害時の備えや、避難所運営や食文化、お祭りのことなどは、むしろ震災から時間がたった今だからこそ、いっそうそのことを親身に教えてもらえます」と岩本さんは訴えかける。

被災地交流ツアーの再開

コープあいちは、被災地での学びを取り入れながら、どのように地域づくりや防災に役立てるか、その方法を震災復興支援を通して模索してきた。

生協で年に一回行われる総代会では、組合員の代表である総代が集まり、その年の予算や年間の行事・活動方針、役員の選出などについて話し合い、確認される。その総代会の執行組織に理事会があり、ここでさまざまな方針が決められている。

二〇一四年度、コープあいちでは理事会での方針を具体化するために、四つの委員会が設置された。その中のひとつが、今回新たにつくられた「復興支援防災推進委員会」だ。この委員会は、復興支援を継続・拡大し、学んだことを防災に活かす取り組みを計画していく。また、防災の視点から地域の組合員、諸団体、行政との関係づくりを推進していく。

コープあいちの執行役員・牛田《うした》清博《きよひろ》さんは、

「復興支援から学んだことを地域の防災に活かすための委員会が、理事会のもとに設置されたということは、組織が一丸となって復興支援・防災に取り組んでいく決意であり、非常に大きな一歩だと思います」と話す。

このような委員会を運営する委員は、組合員から募集される。復興支援防災推進委員会には一六人の応募があり、その中には被災地交流ツアーのメンバーも含まれていた。いよいよ震災復興支援の活動を、組織一丸の取り組みとして地域の防災に活かす仕組みが、コープあいちの中で構築されようとしている。

かくして、二〇一三年の夏から中止されていた被災交流ツアーは、見直すべき点を見直しつつ、再開されることとなった。コープあいちの内部の体制を整えて、被災地交流ツアーでの学びを地域の防災に活かすという視点を、これまで以上に強化して実施されていく。二〇一四年の気仙地域の夏祭りに向けて、愛知県内六〇万人を超える組合員に、被災地交流ツアーへの参加が広く呼びかけられた。そして約一年ぶりに被災地交流ツアーが決行された。こうして、気仙地域と愛知県の人々の交流の第二幕が始まった。

終章 これからの復興支援と地域づくり

広域避難者として死を迎えること

岩手県陸前高田《りくぜんたかた》市から愛知県知多《ちた》市に、両親と共に避難してきた鶴島道子《つるしまみちこ》さんのお父さまが、二〇一四（平成二十六）年三月三〇日に、八二歳で亡くなられた。

知多市の葬儀業者を呼んで相談をすると、お通夜と葬式で二日間で終わってしまうという。

「冗談じゃない」と、鶴島さんは思った。気仙の葬式は、一週間かけて故人を〝あの世〟に送り出す。火葬場には、入りきれないくらいの人が集まる。故人とお別れをしに次々と地域の人が家を訪れ、一週間、家族はその対応に追われる。その間、近所の人が家族のために料理をしてくれる。

陸前高田市で生まれ育ち、大工の棟梁《とうりょう》であった鶴島さんのお父さまは、地域の〝顔役〟だった。陸前高田の「うごく七夕まつり」では若い衆を指揮して、毎年、立派な山車を造ってきた。地域の活動に参加する機会も多く、鶴島さんが子どもの頃から、日曜の朝はほぼ何かしらの集まりや活動に参加していたという。もし、ありし日の陸前高田で亡くなっていれば、街中の人が訪れて、盛大な葬儀になっていたはずだ。

「じいちゃんは、高齢で少し記憶がおぼろげでしたが、岩手県陸前高田市の住んでいた場所の住所はすらすらと出てきました。でも、愛知県知多市の住所は、覚えられなかったんです」

津波によって街が流されてしまったばかりに、そんな全く縁もゆかりもない場所で、最期を迎えることになった。葬儀もたったの二日で終わってしまう。鶴島さんは、父親に顔向けできない、そんな心持ちだった。

「救われたのは、葬儀が行われた火葬場と葬儀場には、被災地交流ツアーの参加者、コープあいちの職員、被災者支援センターの職員など、多く方に来ていただいたことでした。じいちゃんは、にぎやかなのが好きですから、とても喜んでくれたと思います。皆さまには、葬儀やお通夜のお手伝までしていただき、本当にこのつながりに感謝しています」と鶴島さんは話した。

葬儀を終えて間もない四月八日、鶴島さんは飛行機で仙台空港に飛び、レンタカーで陸前高田へ向かった。両手でお父さまの遺骨を抱えていたが、全骨のため骨壺は大きく、重かった。

すでに借りていた陸前高田市の仮設住宅には、まだ家具や家電などが、一切ない。到着するタイミングで、布団や家電などが着くように発送しておいた。後から、知多市にいる鶴島さんのお母さまや妹さんも来ることになっている。

陸前高田市の葬儀業者に、お通夜と葬式の手配をした。葬儀業者は鶴島さんの友人であるため、いろいろと融通を利かせてくれた。地元の新聞『東海新報』にも広告を出し、お通夜・葬式を四月一二日・一三日に行うと告知をした。陸前高田市の葬祭センターには、故人を偲《しの》んで多くの人が訪れた。鶴島さんが喪主でありながら、葬儀の手配、引っ越しの段取りなど、全てをしなければいけなかった。怒濤《どとう》のような忙しさの数日間を過ごした。

少し落ち着いた頃、鶴島さんは、津波で亡くなったご主人のことを思い出した。震災直後、火葬場に一人で立ち会ったが、なぜだか全く涙が出てこなかった。職員にお別れの言葉を促されたが、どうしても言葉が出てこなかったのだ。しばらくして、ようやく絞り出すようにして出てきたのは、「先に行っててね。私はまだやることあるから、今までありがとうね」という言葉だけだった。

その時は、「自分はなんて非情な人間なのか」と、鶴島さんは思った。しかし、今から思えば、目の前のことを処理していくのが精いっぱいで、まるで魂が抜け落ちたかのような状態で、全く普通の神経ではなかったのだろう。

「それから比べたら、じいちゃんはまだ幸せ。たくさんの人にお別れを言ってもらって、悲しんでもらえているんだから。理想的な亡くなり方をしたと思います」と、鶴島さんは話してくれた。

あの津波から、かろうじて死を免れた鶴島さんのお父さまは、避難者として死を迎えられた。

あの時命を落としていても、おかしくはなかった。生と死は紙一重で存在し、たまたまこの世に残されただけだった。なぜ自分が生き残って、あの人が亡くなったのか。命を分かつものはいったい何なのか、誰にもわからなかった。無慈悲なまでに、あちら側とこちら側とで、生と死の境界線を引かれてしまったのだ。

鶴島さんは、陸前高田市の仮設住宅で暮らし、生まれ故郷である気仙で復興支援に携わりたいと考えている。そのうえで愛知県知多市でお母さまの面倒を見ながら、避難者の支援にもかかわり続けたいと思っている。それが津波を経験し、この世に生き残った自分の使命である。鶴島さんの、そんな決意が伝わってきた。

今、あの海は嘘のように静かに、ただこちらを見つめている。三陸気仙の漁師の中には、「海が以前よりも蘇《よみがえ》っている」と言う人もいる。これまで人は自然に翻弄《ほんろう》されながら、そこに畏敬の念を抱いて、生活を営んできた歴史がある。あの津波でさえも、大自然の営みの中では、必要なものだったのかもしれない。

被災地の悲しい記憶が私たちに語りかけてくる言葉に、もっと耳を澄ますことで、われわれはもっと豊かな人生を選択できる。

どんなに悲しい出来事があっても、人生は続いていく。私たちは、どこまでも歩いていく。生きている者たちが、亡くなった人の想いを受け継いで。奇跡のような巡り合わせの中で、人は出会い、そして別れていく。

三・一一は多くの人の人生を変えた

大船渡市のマスコットキャラクター・おおふなトンの産みの親で、フリーカメラマンの山口奈美《やまぐちなみ》さんは、これまで春夏秋冬の年四回、気仙地域へ継続して足を運び続けてきた。

二〇一四（平成二十六）年三月のある日、山口さんは親友からこんな言葉を投げかけられたという。

「奈美さんは、三・一一の被災者だよ。確実に二次被災者だね」

自分に対して投げかけられた〝被災者〟という言葉に、山口さんは驚き、そして、傷ついた。なぜなら、その言葉は、あまりにも自分にしっくりとはまる言葉であると感じたからだ。あの日を境に、自分の人生は変わってしまったと、山口さん自身も感じている。はたから見れば、何でそんなに岩手県に繰り返し足を運ぶのだろうと、不思議に思うのも無理はない。何かに取りつかれたかのように震災復興支援に取り組む様子は、気仙地域にもたらされた重荷を一緒に背負い込み、被災者のそれと重なるものがあったのかもしれない。新たな気づきをくれた親友に、山口さんは心から感謝しているという。

しかしながら、〝二次被災者〟としての歩みは、山口さんにとって決してネガティブなものではない。気仙地域の震災復興支援にかかわったことで「おかえり！」と言ってもらえ、「ただいま！」と言える関係性ができた。それが山口さんにとって何よりの宝物になっている。

祖父母がいなかった山口さんには、〝故郷〟と呼べる場所がなかった。あるとき、大船渡市の方から、「奈美さんの故郷と言っていいんだからね」と言われ、とても嬉《うれ》しかったという。気仙地域で過ごす時間は、山口さんにとって、故郷に帰るようなかけがえのない時間となっている。

三・一一は、多くの人の人生を変えた。それは、被災者だけでなく、支援者も含まれる。

被災地交流ツアーに参加する人の中には、繰り返し気仙地域を訪れて、まるで親戚か何かのように、親密な関係を築いている人もいる。コープあいちの組合員や職員の中にも、自費で何度も被災地に足を運び、ボランティア活動に参加する人もいる。

被災者支援センターの職員や参加メンバーは、広域避難者の抱える問題をまるで自分の問題であるかのように、真剣に向き合っている。自分のプライベートの時間を削って、毎週のように避難者の交流会などに参加する。

あの日以来、日本各地で同じように、被災地に、被災者に想いを馳《は》せている人がいる。飲食店やSNS、イベントなど、さまざまな場所で、被災地の支援活動を続けている人を見かける。


支援者の中には、ある種の〝重荷〟を背負い込んでしまった人が多くいる。しかし、その重荷は、決してただのしかかるだけのものではなく、時にその人を優しく包み込み、ぬくもりを与え、生きる支えになってくれる。

人が人を支え合う、その関係性の中には、何にも替え難い喜びが同時に存在している。自分のためではなく、誰かのために何かをすることで、結果として自分が最も救われているということがあり得るのだ。

　そして、不思議なことに、人のために取り組んでいる活動には、助け合いの連鎖が生まれる。それこそが、よりよい社会をつくる力の源であり、生協の原点でもある。

人と人がつながり合い強さが生まれる

　気仙地域のお祭りの支援活動を通して、本来、街のすべての人々には、それぞれに役割があるということを知った。

　楽器が上手な人は笛や太鼓、手先が器用な人は花飾りを、若く元気な人は神輿《みこし》を造る。小さな子どもや、お年寄りでもできる作業が、しっかりと用意されている。本来、地域社会には、全ての人に役割があったということがよくわかる。


　被災地交流ツアーでも、広域避難者のための交流会でも、コープあいちの組合員は、性別も世代も実にさまざまな人々が参加してきた。それらがうまく機能して、支援の幅も広がっていった。

　お年寄りは同じ話を繰り返したり、会話が単調であったりもする。若い人にとっては、辛抱強く聴き続けることはなかなか難しい。ある程度、年を重ね、お年寄りの対応に慣れている方が、より適している場合が多い。

一方で、炎天下でお祭りの山車を引っ張ったり、出店を切り盛りしたりするのは若さが求められるため、夏休み期間中に参加した学生や生協の宅配職員が大いに活躍することになる。

絵が上手だったり、歌が上手だったりして、自分の特技を活かしながら心に触れる交流をしている活動もあった。

当たり前のことだが、支援活動をする人が、必ずしも全て聖人君子のような人ばかりではない。むしろ、とっつきづらかったり、性格に難があったり、好き嫌いが激しかったり、喧嘩《けんか》っ早かったり、コミュニケーション能力に欠けていたり、さまざまな欠点を同時に持ち合わせていることだってある。

一人ひとりは不完全で、その力は恐ろしくちっぽけである。しかし、そんな人たちがつながり合い、それぞれの役割を見つけ、ひとつの方向を向いたとき、驚くほど大きな力が生まれることがある。頭が良くて、要領が良くて、強い人たちばかりが集まった組織では、そううまくはいかないのだ。

だからこそ、ほんの少し意識を変えてほしい。欠陥があることは、決してマイナスではなく、時に誰も太刀打ちできない強さになる。まずは、あなたの隣にいる人と、もっと許し合い、もっと信じ合い、つながり合うことが大切だ。

コープあいちの地域づくりへの挑戦

コープあいちは、合併から丸三年が経過した直後の二〇一三（平成二十五）年四月二一日から、「組合員参加と運営のしくみ」の体制を大きく変えた。

これまでコープあいちでは、愛知県を七つのブロックに分けて、各ブロック単位で、組合員活動を実施してきた。組合員活動とは、組合員同士が交流したり、助け合ったり、地域のための取り組みを実施したりする活動のことだ。

ここで七つのブロックをさらに細分化し、行政区単位で地域委員会を組織し、くらしや商品のことを話し合える仕組みの確立を目指すことになった。より地域に結びついた組合員の声を集め、それを事業や地域づくりに反映させていくことが目的だ。

さらに、組合員は、生活する地域で「くらしのテーマグループ」をつくることができるようになった。食、商品、環境、福祉、平和、子育て、震災復興支援など、さまざまなテーマに沿ってグループをつくり、それぞれの地域でくらしを豊かにする活動に取り組んでいく。それぞれのグループには、コープあいちからの活動費の補助もある。二〇一四年一二月時点では、二八の地域委員会、一〇八のテーマグループがつくられている。

コープあいち執行役員の牛田《うした》清博《きよひろ》さんは、

「くらしのテーマグループでは、たとえば防災について学びたいという要望があれば、組合員や職員などを講師として派遣することができます。組合員、理事、職員がひとつになって、地域の皆さんと一緒に助け合い、安心して暮らせる街づくりを協同で進めていく取り組みです」

これまでコープあいちは、被災地交流ツアーで、人と人がつながり合う地域コミュニティーの重要性を学んできた。また、広域避難者の支援を通して、個々の人に寄りそって、それぞれの人が抱える問題の解決を目指してきた。

「組合員参加と運営のしくみ」は、組合員自らが現在抱える地域の問題について考え、学び、行動し、助け合っていく仕組みだ。まさにこの考え方の柱となるのは、震災復興支援での地域コミュニティの学びによって培ってきたものといえる。コープあいちでは、震災復興支援の学びを地域づくりに活かすべく、今後も試行錯誤の取り組みは続いていく。

生協が最後の砦、最後の良心

ＪＣＮ（東日本大震災支援全国ネットワーク）の代表世話人の一人、ＮＰＯ法人レスキューストックヤードの代表理事・栗田《くりた》暢之《のぶゆき》さんは、震災復興支援における生協の役割と期待として、次のように話してくれた。

「不正義・不条理を正していく、そんな思いでこれまでボランティア活動を行ってきました。今必要なのは被災者や避難者が当然行使すべき権利を、国へ訴えかけていくということ。同時に、時間とともに震災への意識が風化していく中で、市民にも訴えかけていくことです」

世の中には、多くのしがらみがあり、組織も個人もそこに縛られざるを得ない。国に近い組織であれば、国へ対する批判はできない。経済界の原発推進の組織に所属している個人が、表立って原発反対は言えない。全ての組織が結びついて、一枚岩になるのもとても難しい現状がある。

「しかし、それでも前に進んでいかないといけない。役に立ちたい、何かしたいという気持ちは、それぞれの組織、個人が持っています。たとえば、JCNでは、被災地に貢献したいと思っている経団連のワンパーセントクラブ加盟各社と、被災地のボランティア組織やNPOなどとの〝お見合い活動〟をするなど、支援のつながりをつくっています。また、社会福祉協議会とは行政との結びつきが強いため、民間のJCNと組織的な連携はできなかったものの、可能な範囲でさまざまなプロジェクトでつながりを持っています」

どんな組織であっても、利害関係やしがらみが生じ、活動の範囲が限定されてくる。不正義・不条理と戦う中でも、どうしても理不尽な出来事や意見の食い違いに直面してしまう、ということはある。しかし、たとえ主義主張が異なる部分があったとしても、それをも受け入れて、共通項を見いだしてつながる、そんな柔軟な姿勢が現場では求められる。

「矛盾に満ちた社会構造の中で、最後の砦、最後の良心のひとつとなるのは生協なんじゃないかと、私は考えています。主義主張を超えて、市民に根差した活動ができるのは、生協の強みです。生協という組織を外から見ている立場としては、同じ理念を持った全国の生協で、もっと連携できるんじゃないか、そんな期待を抱いています」

栗田さんが、まず手始めとして提案する構想は、「全国の生協が全都道府県に避難されている広域避難者に、お米の全戸配布をする」というものだ。現にコープあいちが実践している震災復興支援からも、必ずしも被災地に行く必要はなく、自分たちの暮らす地域でも貢献できることは多くあることがわかる。

「避難者の方は、自治体や社協の担当者、ボランティアが訪問しても、なかなか扉を開けてくれません。でも、お米を持って生協が伺えば、大抵の方がドアを開けてくれます。そうすれば『まずは生きている』、そのことを確認でき、次のステップに進むことができます」

生協が単体で行うのではなく、どれだけ多くの組織を巻き込めるかも重要になる。その中で、絶望に瀕《ひん》している方を見つけ、お話を聞いて、専門家などにつなげていくことも必要だ。たとえ最初は生協がお米の代金を負担したとしても、組合員は理解を示すはずだ。そして次はＮＰＯなど違う組織が市民に協力を呼びかけて負担をする、そんな持ち回りも必要になる。

「最初やった人が、最後までやり抜くだけでは、継続的な支援にはつながりません。まずは生協が音頭を取って、たくさんの組織や人と連携しながら、支え合うことが大事。生協だからこそ、できる取り組みではないでしょうか」と栗田さんは投げかける。

全国の生協がこのような取り組みを行うことは、世の中にとって良い影響があるのはもちろん、生協にとっても大きな意義がある。

「変わりゆく世の中で、生協として何ができるのか」――今そんな大きな議論が各地で行われている。しかし、テーマを大きくし過ぎることで、方向性が見いだせないままになることが、しばしばある。

まずは、目の前にある生活者一人ひとりが抱える問題、そこに立ち返ることが今の生協には求められているのではないか。そんな個と個とのかかわり合いの中で、生活者の生の声に触れることで、生協の果たすべき役割は、おのずと見えてくる。

震災復興支援は、決して特別な取り組みではなく、生協にとって事業と一体化しながら、継続して取り組むべきものである。そして、最後の一人が立ち直るまで、この活動を続けていく、それが生協の使命でもある。そのためにも、より多くの力と柔軟に結び付いていける、新たな協同の力が不可欠になっていく。

あとがき

筆者は、東京で本を作ることを生業《なりわい》にしている。編集者として本の制作に携わることもあれば、ライターとして文章を書くこともある。

子どもたちが大好きなプラレールやトミカの本、動物図鑑、電車図鑑などの子どもの本。サッカー、空手、合気道など、スポーツや武道の本。それにとどまらず、旅行のガイドブックから健康書、ビジネス書まで、出版社から仕事を依頼されて、さまざまな本を作る。

そんな仕事をしながら、日本生協連を通して全国の生協を取材し、原稿にまとめる仕事もさせてもらっている。

震災直後、日本生協連から被災地に取材に行かないか、という声を掛けてもらった。しかし、その時抱えている仕事を投げ出すわけにもいかなかったし、被災地に入れば、いつ戻れるともわからない状況だった。もちろん、放射線の問題も脳裏をかすめた。結果として、その依頼はお断りしたが、それに対する罪悪感のようなものが後を引いた。

ある人にそのことを話した時、「そのうち、自分の役割が向こうからやって来るよ」と言われ、少しだけ心が軽くなったような気がした。

その後、二〇一一年九月頃から、被災地にたびたび取材で足を運ぶようになっていった。そのつながりから、全国の生協の震災復興支援を冊子にまとめた『つながる力』の編集に、三年間携わらせてもらった。また、『食品の安全と放射性汚染』（関澤純《せきざわじゅん》 著・コープ出版）の編集にもかかわることができた。

コープあいちの被災地での取り組みを最初に取材したのは、二〇一二年六月二日から四日、第五回の被災地交流ツアーだった。この時すでに、この活動を本にする話があったが、実現するかどうかは全く未知数だった。

そんなつながりで、コープあいちの交流ツアーに、たびたび同行するようになっていった。その中で、気仙《けせん》の人々のこれまで築いてきた営みや、復興に向かう姿を見させてもらい、人と人がつながることで生まれる力を間近で感じることができた。

そこで驚かされたのは、炊き出し支援から支援タオルの配布、被災地交流ツアーに至るまで、すべてにおいて気仙地域がもつ地域コミュニティーの力に支えられたということだ。それはもしかすると、かつての日本にはどこにでもあった、人と人のつながりを重視する、古来の地域社会のあり方なのかもしれない。人と人のつながりが希薄になった現代からすれば、そのありし日の面影から学び取れることは多い。

また、被災地交流ツアーを通して、支援というものは、誰かを一方的に助けるものではなく、「立ち上がろうとする人を支える活動なのだ」という、当たり前ながらも、ハッとするようなことにも気づかされた。だからこそ、人のつながりの中で支援をしたり、時間をかけて人間関係を築いていったりすることがとても重要になる。一回の出会いだけでは、どうしてもできることに限界がある。二度、三度と繰り返し訪れる中で、信頼関係や絆が生まれ、人は心を許していく。

そのような社会のあり方は、普段の生活や仕事をするうえでも、重要な視点となる。経済効率ばかりを優先していると、どうしても「人」が見えにくくなり、その先にある家族や生活が見えなくなっていく。すぐ隣にいる人のことをもっと知って、もっと優しく接することが、よりよき地域社会をつくる第一歩なのだと気づかされる。

気仙地域の被災地交流ツアーは、気仙地域にエールを送るとともに、防災の意識や地域づくりの考え方など、非常に多くの学びを得る機会となり、相互に価値ある取り組みとなった。何よりも、異なる生活環境で育った人同士が交流をしていく中で、それぞれの人生がより豊かなものになっていく様子には、感動を覚えた。

被災地に足を運び、圧倒的な破壊を目にしたとき、この光景に対してカメラを向ける行為はどうなのだろうかと、ためらいがあった。しかし、この光景や学びを記録として残すことが自分の仕事なのだろうと思い直し、シャッターを切った。そして、被災地に敬意を払う意味でも、カメラの知識について勉強するようになった。自分が取り組むその後の仕事の内容や、人とのつながりの大事さについても、考えるようになった。自分自身も被災地にかかわったことで、人生を変えられた一人といえる。

しばらくして、愛知県内における、広域避難者の支援の様子も取材させてもらうことになった。そこで広域避難者の方々の想いを聞くにつけ、共感というよりはむしろ、自分たち家族の姿を見ているような心地で、胸が痛かった。

自分が住んでいた場所は、東京二三区でも放射線量が比較的高い場所だった。いつからか妻はツイッターを見るようになり、放射線の情報に対して神経質になっていく。関東近県の食材は汚染されているため、子どもに与えることはできない、と妻は考え、実家がある愛知県幸田《こうた》町《ちょう》から、宅配便で水や野菜を届けてもらうようになった。また、福島第一原発の事故直後、二歳の息子と買い物に出て、雨と共に高濃度の放射線を浴びてしまったと後悔していた。将来これが原因で息子が病気になったらどうしようかと、自分の行動を責め苦しんでいた。

正直、家の中で放射線の話をすることにうんざりしていた。結局、いくら調べても安全という確証はなく、話し合いも堂々巡りで、妻と口論になることもしばしばだった。

しばらくして、妻のお腹《なか》に新しい命が宿っていることがわかった。妻は、この子が無事生まれてくるだろうか、今度はそんな不安に駆られるようになっていく。安全な場所に避難するべきかどうか、何度も話し合いをした。銀行員だった妻の父からは、仕事を紹介するから愛知県に来ないか、と誘われたこともあった。今とは全く違う仕事をしている自分について想像してみたりもした。しかしながら、やはり今の自分の仕事を続けたい気持ちが強く、そのためには東京を拠点にしないとやりにくい。その結果、愛知県に母子避難をする、という結論に至ろうとしていた。

しかしながら、結局、愛知県に避難はしなかった。その理由のひとつは、生まれてきた次男に、障がいがあることがわかったためだ。新たに加わった問題も考慮した上で、東京二三区のマンションを売りに出して、同じ東京の比較的放射線量が低く、かつ、障がい者教育の手厚い地域に引っ越すことにしたのだ。生まれた新たな命が、バラバラになりかかっていた家族をつなぎ留めてくれたのかもしれない。

不思議なもので、時間がたつにつれて引っ越しをしてよかったのだろうか、今度はそんな思いが生じてくる。こんな近くの転居でさえ、引っ越し費用やら、マンションがすぐには売れなかったりで、何かと費用がかさむ。

愛知県の広域避難者の方のお話を伺っていると、「福島県から避難してきているわけでもないし、津波の被害を受けたわけでもない……」などと、遠慮がちに話されるのをよく耳にした。

その気持ちはまさに、自分のメンタリティーと重なる部分が多かった。このように「あとがき」を書き連ねてきたが、自分のことなど話すに足りぬという気持ちが今でもある。そういう意味においては、自分もまた避難者であり、被災者であるのかもしれないと、おこがましくも思うことがある。


この本は、岩手県気仙地域と、岩手県宮古《みやこ》市の「かけあしの会」の皆さん、そして、被災地生協であるいわて生協の皆さんの寛大な心があって、初めて世に出すことができた本です。心より感謝を申し上げます。

そして、故郷を後にして、愛知県で生活をされている広域避難者の皆さまには、貴重な体験を掲載するご許可をいただき、ありがとうございました。また、それを支える愛知県被災者支援センターの皆さまにも、大変なご助力をいただきました。

取材に当たっては、コープあいちの職員、組合員の皆さまに、大変お世話になりました。

とりわけ、被災地交流ツアーを気仙に常駐して取り組んできたコープあいちの岩本隆憲さん、そして、広域避難者の支援に取り組んでいるコープあいちの向井忍さんの献身的な協力にも感謝しています。皆さまの魂の一部が、この本の中に刻み込まれています。

また、本書の編集者として多大なご助言と励ましをいただいた、日本生協連出版グループの清原工さんにも、この場を借りてお礼を申し上げます。進む道が見えなくなった時に、いつもその先に光を指し示していただきました。

なによりも、震災復興支援の大きな結束力を生んだのは、まぎれもなくコープあいちの組合員と職員の手によって集められた、支援タオルの力です。そのタオルは、気仙地域をはじめとした被災地の皆さんが自らの手で配ってくれました。この本には、ここに名前を載せることができなかった、皆さんの想いが込められています。

二〇一五年一月

野口　武

資料1 コープあいち復興活動履歴

年	月	日	コープあいち緊急支援活動内容	岩手県気仙地域を中心とした復興支援活動内容	広域避難者支援活動内容
11	3	12	食料・水・毛布などを日本生協連の要請で現地へ発送		
11	3	13	「東北地方太平洋沖地震・緊急募金」店舗・福祉などの各事業所に設置（3月21日から共同購入で実施）		
11	3	16	職員による支援の先遣隊が出発。翌17日、日本生協連の要請を受け、職員による支援第1次が出発。支援物資を避難所や生協組合員にお届け（4月8日第8次まで実施）		
11	3	19	組合員による支援活動が始まる（以後、店頭での募金、バザー等の活動が委員会や自主グループ中心に広がり、継続している）		
11	3			「あいち・なごや東日本大震災ボランティア支援連絡会」（防災のための愛知県ボランティア連絡会5団体、なごや防災ボランティア連絡会5団体）への参加（オブザーバー団体として立候補し、２０１１年3月31日に正式に参加確認）	
11	4	8			愛知県受入被災者登録制度開始
11	4	12			総務省全国避難者情報システム開始
11	4	14			東日本大震災被災者支援ボランティアセンターなごや設置
11	4	29	組合員から提供されたタオルを満載して石巻ボランティアに2人出発。「愛知ボラン		

年	月	日			
			付け、物資（タオル）の提供（～5月2日）（〈緊急支援活動〉は、以後漸次、被災地の〈復興支援活動〉および〈広域避難者支援活動〉に移行）		
11	4	30		炊き出しボランティア出発（以後、岩手県大船渡市、陸前高田市内を中心に炊き出し、支援タオルの配布等の支援活動を継続、のべ100人の職員が交替で住田町農林会館を支援基地として現地に赴き気仙市民復興連絡会がすすめる炊き出しの食材調達と、炊き出し要員の役割を果たす）	愛知県に避難されている方に布団のお届けを開始。取りに来られない方にはボランティア連絡会に参加しているコープあいちが配送。（5月11日、28世帯66セットを名古屋市と安城市のお宅に届け）
11	5	15			「県外避難者の皆さんの交流会」（名古屋市、生協生活文化会館）
11	6				愛知県被災者支援センター発足（協力団体）以後、協力団体として、愛知に避難した被災者の支援活動や広域避難者の地域交流会等継続サポート
11	6	16			愛知県被災者支援センター設置
11	7	6			パーソナルサポート支援チーム会議発足
11	8	6～7		地域の皆さん（安城）とともに岩手県大船渡市盛町の七夕まつり「愛知友情横丁」に参加	
11	9	17			第1回ふるさと交流会海部津島（津島市）開催
11	秋			いわて生協支援研修（店長、センター長対象）福祉事業部メンバーの現地視察	
11	10	28～30		被災地交流（第1回ツアー）あなたがつなぐ復興支援ツアー	

写真①

年	月	日	岩手県気仙地域を中心とした復興支援活動内容	広域避難者支援活動内容
11	11	9～11	被災地交流(第2回ツアー)あなたがつなぐ復興支援ツアー	
11	12	2		愛知県被災者支援センターから「暖房器具を被災者に贈ろう」との呼びかけに応えて、募金と中国南京市総工会からの募金51万円を寄付
11	12	5		愛知県に避難された皆さんに石油ファンヒーターやこたつを約250件お届け
11	12	11	第1回被災地を訪れての「思いを語り、つなぐつどい」(コープあいち主催)	
12	1	13		飛島村より避難世帯にお米が提供される(出発式)
12	2	12		第1回ゆるりっと会
12	2	25		大交流会(アイリス愛知)
12	2	29		いっしょにやりますのつどい(第1回ワークショップ)
12	3	28～31	被災地交流(第3回ツアー)春休み現地交流in気仙	
12	5	13		第1回飛島村さつまいも苗植え交流会
12	5	14～16	被災地交流(第4回ツアー)想いをつなぐ地域交流 with 三陸気仙	
12	5	25～27	被災地交流(第5回ツアー)想いをつなぐ地域交流 with 三陸気仙	

写真②

12	6	2〜4	被災地交流（第6回ツアー）想いをつなぐ地域交流 with 三陸気仙（**写真①**）	
12	6	10		第1回豊橋市さつまいも交流会
12	6	21		原発事故子ども・被災者支援法可決
12	7〜			愛知県被災者支援センターによる市町村訪問
12	7	21〜23	被災地交流（第7回ツアー）想いをつなぐ地域交流 with 三陸気仙	
12	7	28		尾張津島天工祭り
12	8	3〜5	安城七夕まつりに岩手県大船渡市盛町から山車2台がお礼にかけつけ、安城市とのきずなをアピール。会場内の安城市商工会主催の大船渡ブースでは、現地の海物産と合わせて仮設住宅での手作り品の販売。	
12	8	3〜6	被災地交流（第8回ツアー）夏まつり交流 with 三陸気仙	
12	8	5〜8	被災地交流（第9回ツアー）夏まつり交流 with 三陸気仙（**写真②**）	
12	10			生活物資（お米）のお届け協力 配達では日頃会えない方の声をお聞きして、愛知県被災者支援センターへフィードバック（のべ約1000世帯）
12	秋		三陸沿岸産地工場見学（職員対象）	
12	10	20〜22	被災地交流（第10回ツアー）学びと交流 with 三陸気仙	

写真④

写真③

年	月	日	岩手県気仙地域を中心とした復興支援活動内容	広域避難者支援活動内容
12	11	9〜11	被災地交流（第11回ツアー） 学びと交流　with　三陸気仙	
12	12	9	「学びと交流　with　三陸気仙」（現地の方を招いての交流会）	
13	1	22		子ども被災者支援法国会（愛知県の避難者より要望書提出）
13	1	24		地域をつなぐ交流会
13	2			飛島村から提供された生活物資（お米）のお届け協力 以後、10月、2月にお届け協力を継続
13	2	2〜3		大交流会（蒲郡市）
13	2	13		原発事故被災者支え合いの会（あゆみR・P・Net）発足
13	2	20		飛島村より避難世帯へのお米提供（出発式）
13	2	24		「広域避難者のみなさんを囲んで学びと交流」開催（**写真③**）
13	3	27		公開企画「東日本大震災・原発事故、一人ひとりを地域で支える」
13	春		職員気仙地域交流研修	
13	4	14		コープあいち職員集会
13	4	14、17	職員集会に岩手県気仙地域、宮古市の皆さんをお招きし交流（**写真④**）	

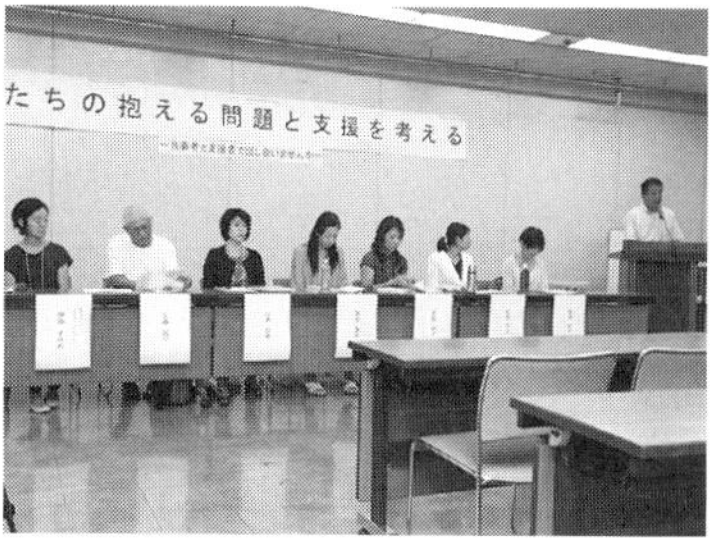

写真⑥

写真⑤

13	5			「子ども・被災者支援法」を学び、声を持ち寄る懇談会
13	5	22〜24	相互交流①「市民交流 with 三陸気仙」愛知→気仙（大船渡）	
13	6〜			愛知県被災者支援センターによる市町村訪問
13	6	8〜11	相互交流②「市民交流 with 三陸気仙」愛知→気仙（大船渡）	
13	6	8〜10	相互交流③「市民交流 with 三陸気仙」気仙（大船渡）→愛知	
13	7	20〜22	相互交流④「市民交流 with 三陸気仙」愛知→気仙（陸前高田）	
13	8	5〜8	相互交流⑤「市民交流 with 三陸気仙」愛知→気仙（陸前高田）（**写真⑤**）	
13	8	28		東海コープ商品安全検査センター見学
13	8	31		スマイル元気プロジェクト（春日井市）
13	9	1		ふれあいひろば小牧
13	9	上旬		子ども被災者支援法パブリックコメント提出
13	9	26		ワークショップ「私たちの抱える問題と支援を考える」（**写真⑥**）
13	10〜			コープあいち・経済連より避難世帯にお米提供
13	10	6		飛島村さつまいも交流会

写真⑦

年	月	日	岩手県気仙地域を中心とした復興支援活動内容	広域避難者支援活動内容
13	10	12〜14	理事・職員「被災地交流研修」岩手県大船渡市赤崎町民運動会ボランティア活動（**写真⑦**）	
13	11	9		「支援者への感謝のつどい」
13	12		理事・職員「被災地交流研修」	
13	12	14		スマイル元気プロジェクト（飛島村）
14	2	1〜2		大交流会（西尾市）
14	2	17		飛島村より避難世帯へのお米提供（出発式）
14	3		理事・総代「被災地交流研修」	
14	3	11		東日本大震災追悼式
14	3	16		ふるさと交流会 in おおはる（大治町）
14	4	12		第1回気軽にお茶のみ交流会（東海市）
14	5			愛知県被災者支援センターによる市町村訪問
14	5	25		いわき市交流会
14	7	18〜21	夏まつり準備ボランティア活動	
14	8〜			全世帯訪問
14	8	6〜8	夏まつり応援ボランティア活動	
14	9	4〜6	理事・職員「被災地交流研修」	

14	9	26		原発事故損害賠償請求訴訟第一回裁判
14	10〜			コープあいち・経済連より避難世帯にお米提供
14	10	10〜12	岩手県大船渡市赤崎町民運動会ボランティア活動	
14	11	24		東日本大震災追悼式実行委員会交流会

２０１１年度義援金――１億３６８７万８８４６円

２０１２年度支援募金

「学校図書館元気プロジェクト」支援募金――35万５７００円

「食の安全を守るための放射線測定器30台の購入と内部被ばくを検査するための装置２台の購入」支援募金――79万４１９２円

「福島の子ども保養プロジェクト」支援募金――80万３６８３円

２０１２年度から取り組んだコープあいち独自募金

復興支援活動募金（９月20日現在累計）――１千７２６万２０３２円

安心して住める『福島』を取り戻す署名――４万１５６２筆

被災者生活再建支援制度の抜本的拡充を求める署名――１万８千筆

A. 愛知県における受入被災者登録者数の推移

単位：人(%)

	岩手県		宮城県		福島県		その他		合　計
11.3.28	19	(2.7)	66	(9.5)	578	(83.2)	32	(4.6)	695
11.4.1	19	(2.5)	90	(11.7)	628	(81.7)	32	(4.2)	769
11.7.1	85	(7.0)	251	(20.5)	814	(66.6)	72	(5.9)	1,222
11.10.6	92	(7.2)	255	(20.1)	838	(66.0)	85	(6.7)	1,270
12.1.5	96	(7.6)	255	(20.2)	826	(65.5)	85	(6.7)	1,262
12.3.29	84	(6.7)	237	(18.8)	808	(64.1)	131	(10.4)	1,260
12.6.30	81	(6.4)	242	(19.1)	809	(63.8)	137	(10.8)	1,269
12.9.30	81	(6.5)	231	(18.6)	800	(64.4)	131	(10.5)	1,243
12.12.31	76	(6.1)	232	(18.6)	800	(64.3)	137	(11.)	1,245
13.3.31	75	(6.0)	228	(18.3)	797	(64.0)	145	(11.6)	1,245
13.6.30	73	(5.9)	228	(18.4)	776	(62.6)	163	(13.1)	1,240
13.9.30	72	(5.8)	226	(18.3)	764	(62.0)	171	(13.9)	1,233
13.12.31	68	(5.7)	217	(18.1)	747	(62.1)	170	(14.1)	1,202
14.3.31	65	(5.5)	208	(17.5)	732	(61.5)	185	(15.5)	1,190
14.6.30	65	(5.5)	207	(17.6)	725	(61.5)	181	(15.4)	1,178
14.9.30	65	(5.5)	207	(17.6)	720	(61.3)	182	(15.5)	1,174
14.12.31	62	(5.4)	202	(17.5)	708	(61.2)	184	(15.9)	1,156

※(%)は、その時点の合計人数に対する各県人数の割合

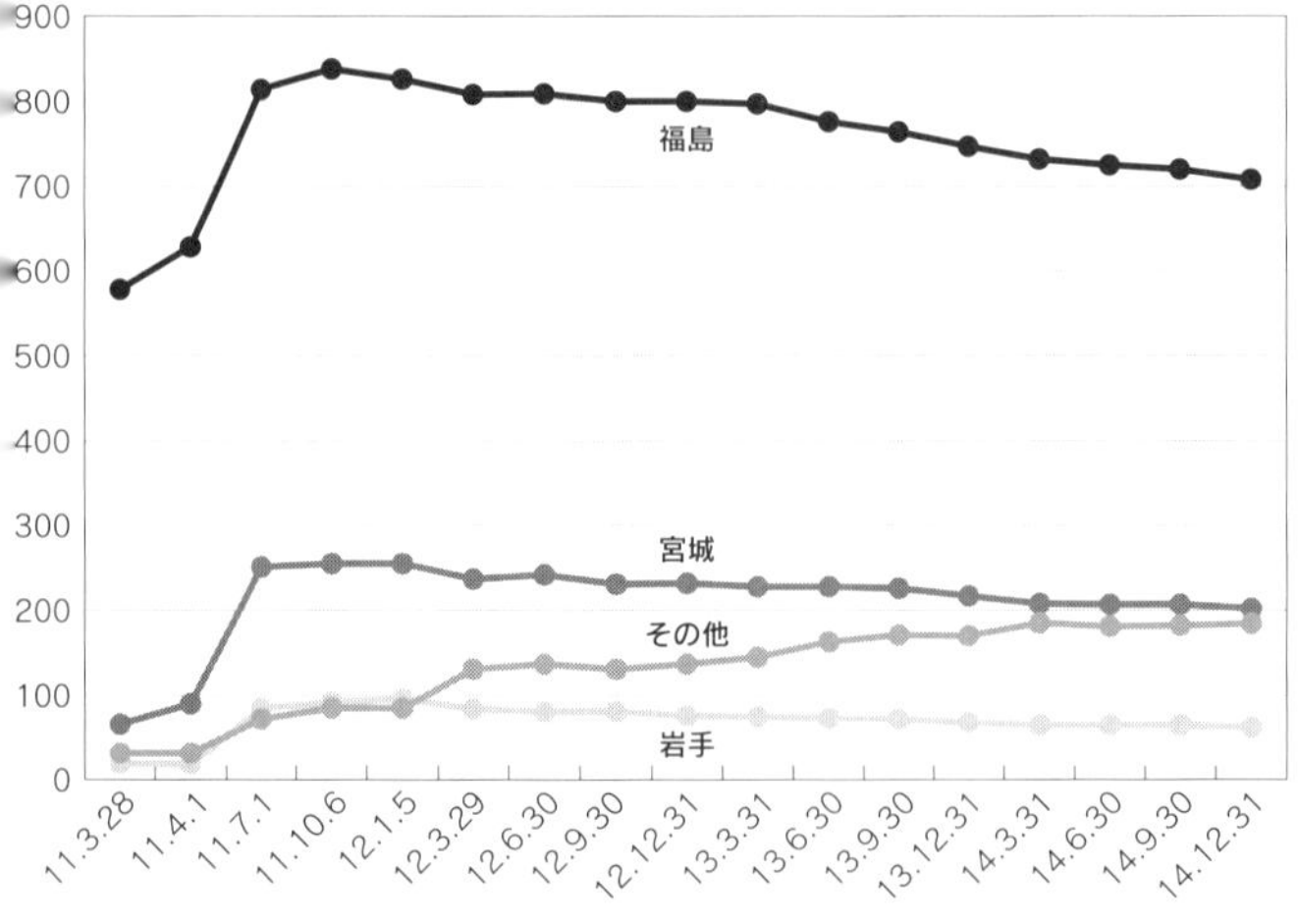

B. 愛知県における受入被災者の県別内訳（2014年12月31日現在）

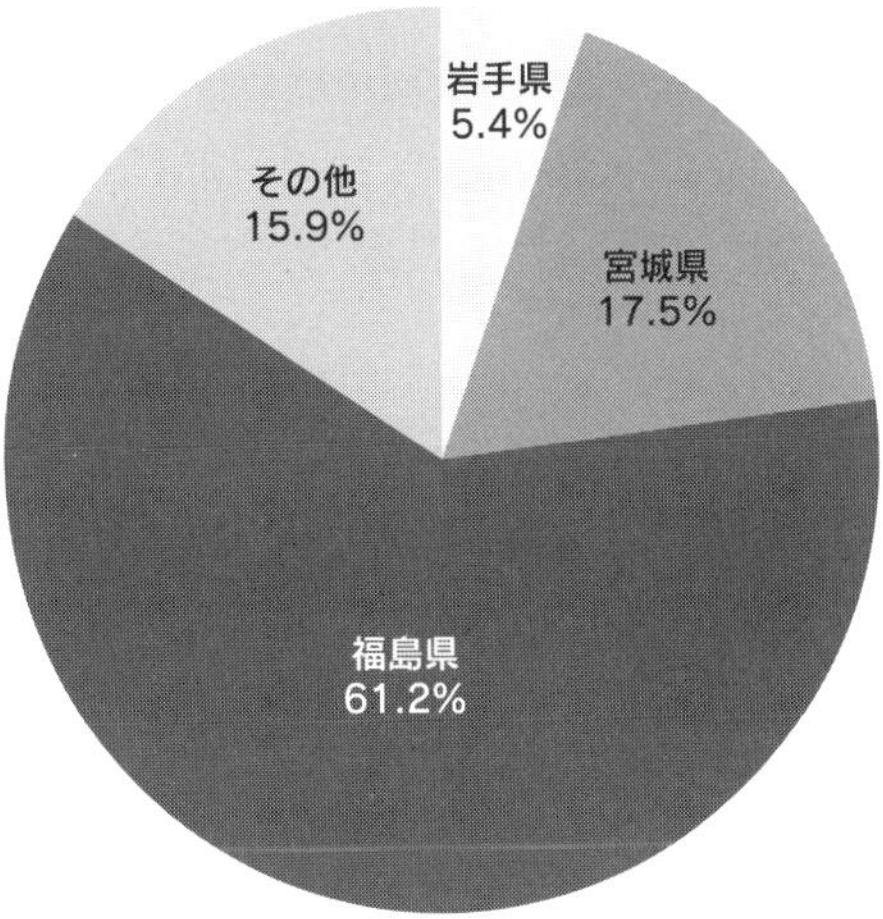

資料3
愛知県における受入被災者アンケート調査結果より

1. 愛知県への避難理由（回答は3つ以内）

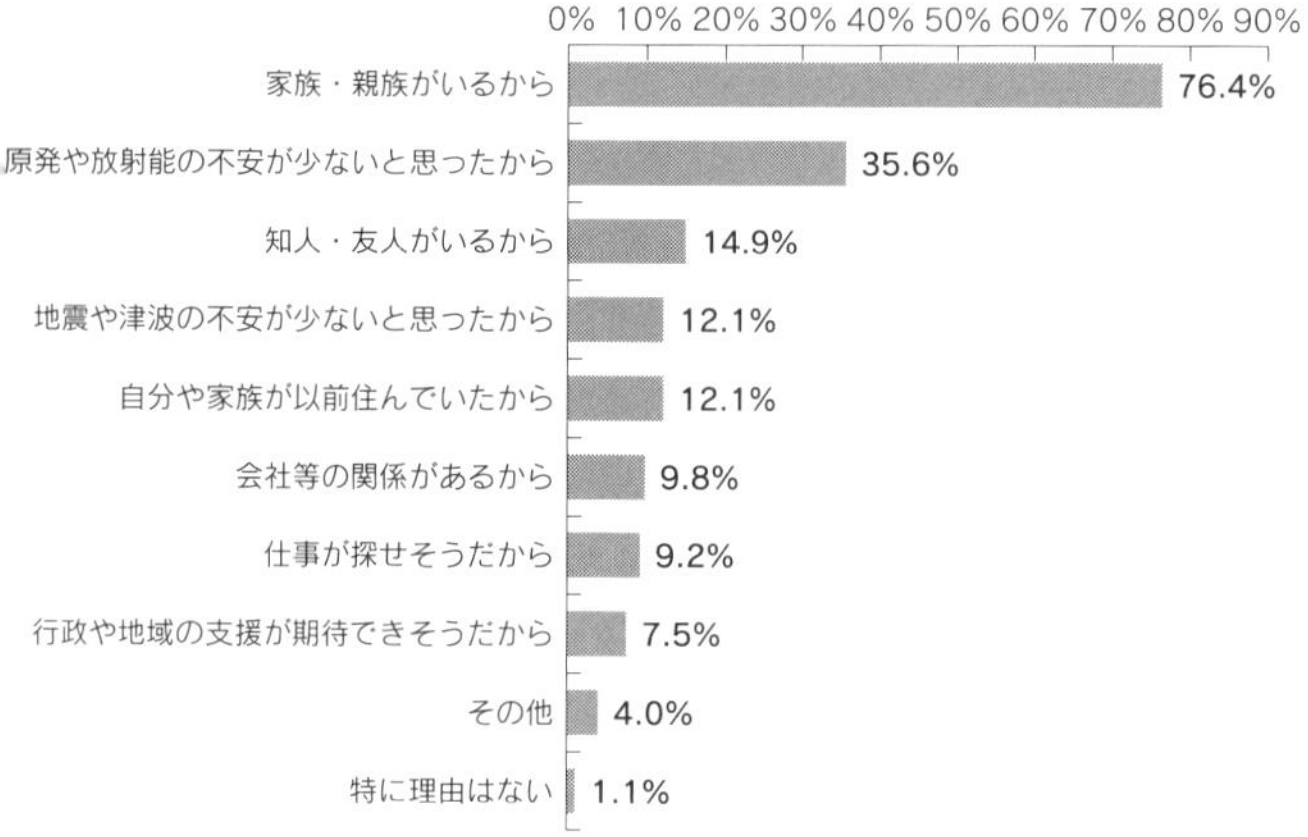

※愛知県への避難理由としては、「家族、親族がいるから」が76.4％、「原発や放射能の不安が少ないと思ったから」が35.6％、「知人・友人がいるから」が14.9％となっている。

2. 主たる家計の維持者は就労しているか。（回答は1つ）

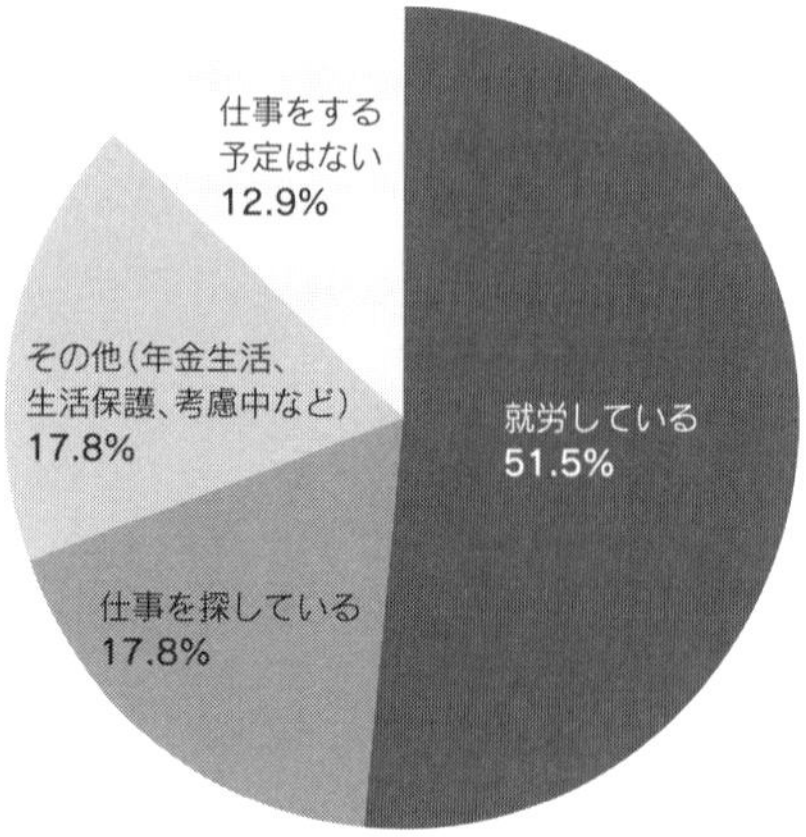

※主たる家計の維持者の就労状況については、「就労している」が51.5％、「仕事を探している」が17.8％となっている。

3. 行政に期待する支援について、特に必要なもの（複数回答可）

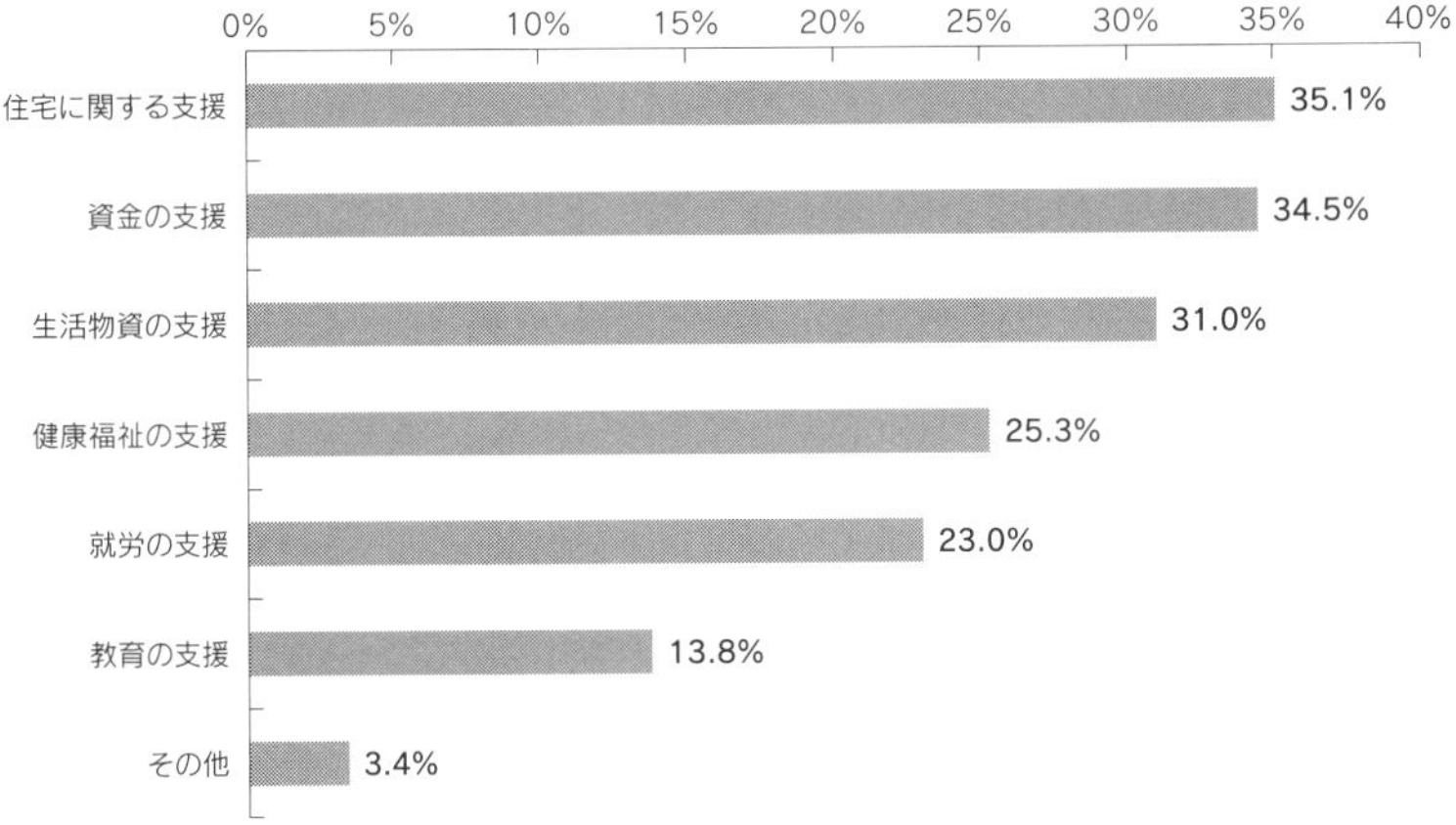

※行政に期待する支援については、「住宅に関する支援」が35.1%、「資金の支援」が34.5%、「生活物資の支援」が31.0%、「健康福祉の支援」が25.3%となっている。

4. 今後の予定等について（回答は1つ）

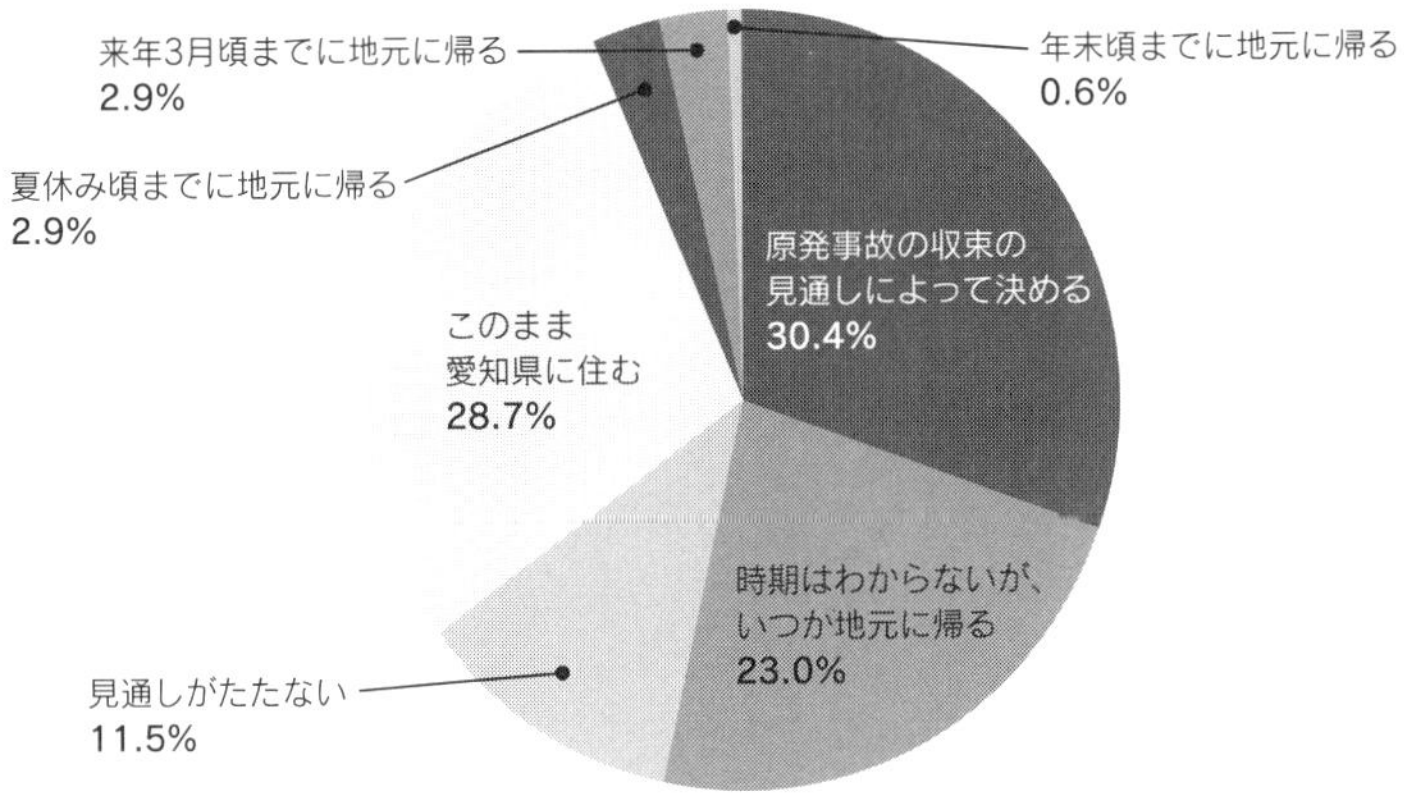

※今後の予定等については、「原発事故の収束の見通しによって決める」が30.4%、「時期はわからないが、いつか地元に帰る」が23.0%、「見通しがたたない」が11.5%となっている。また、「このまま愛知県に住む」は28.7%となっている。

5. あなたの世帯について

A. 東日本大震災発生時にお住まいの地域はどこですか。(回答は1つ)

被災県別	回答数	割　合
岩手県	19	10.9%
宮城県	46	26.4%
福島県	101	58.0%
茨城県	5	2.9%
青森県	2	1.2%
千葉県	1	0.6%
合　計	174	100%

B. 家族の人数をお答えください。

家族人数別	回答数	割　合	うち被災地に家族が残っている世帯	
			世帯数	割　合
1人	16	9.9%	0	0%
2人	31	19.1%	5	16.1%
3人	31	19.1%	14	45.2%
4人	34	21.0%	22	64.7%
5人	24	14.8%	16	66.7%
6人	16	9.9%	13	81.3%
7人	4	2.5%	2	50.0%
8人	5	3.1%	5	100%
9人	1	0.6%	1	100%
合計	162	100%	78	48.1%

162世帯の平均家族人数(被災地に残っている家族を含む)は、3.7人。なお、被災地に残っている家族がある世帯は、78世帯である。

※被災地に残っている主な理由

仕事のため、子どもの学校があるため、高齢で体調が悪く地元を離れられないため、住み慣れた土地を離れたくないなど

6. 避難時の生活について

愛知県に避難された当初、特にお困りだったことを3つまでお選びください。

	回答数	割 合
住宅が決まらなかった	18	10.3%
入居した住宅の設備環境（風呂など）が良くなかった	26	14.9%
食料や食器、布団等の生活物資や家電製品がなかった	82	47.1%
生活資金が少なかった	70	40.2%
相談相手がいなかった	14	8.0%
家族が離れて生活することになった	58	33.3%
家族の介護や医療など介護事業所や医院がわからなかった	12	6.9%
災害や避難生活で体調を崩した	38	21.8%
見知らぬ土地で、生活環境が変わった	81	46.6%
その他	16	9.2%
合 計	415	238.5%

（調査方法等）

目　　的：東日本大震災により愛知県に避難され、生活されている方々の現状等を把握し、今後の支援施策の基礎資料とする。

調査方法：郵送による無記名調査

調査対象：受入被災者登録制度に登録された全世帯（11.6.30現在407世帯）

調査時期：6月30日から7月11日まで

回 答 数：174世帯（回収率42.8％）

愛知県被災地域支援対策本部 被災者受入対策プロジェクトチームによる「受入被災者アンケート調査結果」より抜粋。

［著者略歴］

野口 武

（のぐち たけし）

編集者・ライター。1977年新潟生まれ、埼玉育ち。2000年東洋大学文学部英米文学科卒業。大学時代バックパッカーとして旅をする。卒業後、1年かけて映画を制作。その後、編集プロダクション・出版社に勤務し、ガイドブックなどの本を手掛ける。現在、編集プロダクションJET（ジェット）に所属し、児童書を中心に、多岐にわたる本の制作に携わる。2010年から2012年までIBBY（国際児童図書評議会）の機関誌『ブックバード日本版』の編集に携わる。2013年より遊びの投稿サイト「Play Life」の公式プランナーを務める。趣味は、登山とマラソン、フットサル。

シリーズ・これからの地域づくりと生協の役割 4

タオルの絆

“あいち”からこの想いとどけたい

［発行日］2015年2月28日　初版1刷

［検印廃止］

［著　者］野口武

［発行者］和田寿昭

［発行元］日本生活協同組合連合会
〒150-8913　東京都渋谷区渋谷3-29-8　コーププラザ
TEL 03-5778-8183

［発売元］コープ出版㈱
〒150-8913　東京都渋谷区渋谷3-29-8　コーププラザ
TEL 03-5778-8050
www.coop-book.jp

［制　作］OVERALL

［印　刷］日経印刷㈱

Printed in Japan

ISBN978-4-87332-331-2